# 皇子たちの悲劇

皇位継承の日本古代史

倉本一宏

JN043702

角川選書
631

# はじめに

『古事記（こじき）』『日本書紀（にほんしょき）』をはじめ、日本古代の歴史書には、天皇（または大王（おおきみ））として即位（そくい）できなかった皇子（または王子）に関する記事が、数多く残されている。もちろん、多くの皇子の中で即位できた人物はごく一部なのであって、ほとんどの皇子は即位できずに終わったのである。また、特に古い時代となると、そのすべてが史実とは言えない伝承や物語であるが、いずれも何らかの歴史事実を反映したものである可能性もある。

それら、「即位できなかった皇子たち」の中には、「残念な」では済まされない苛烈（かれつ）な未来が待っていた人物も多い。即位できた者は何故（なにゆえ）に即位することができ、即位できなかった者は何故に即位することができなかったのか、その政治的背景を探ることによって、日本古代、ひいては日本という国そのものの特質に迫ることのできる可能性も秘められている。それはこの国の王権の謎を解く鍵にもなり得る問題なのである。

この本では、記紀（きき）（『古事記』『日本書紀』）の伝承時代から、律令制成立期、律令制下、さらには平安時代の摂関期（せっかんき）から院政期（いんせいき）にかけての、即位できなかった皇子たちの政治的背景を探求し、日本古代国家の本質に背後から迫ることを目標とする。

また、「歴史は勝者が作り、文学は敗者が作る」とは、よく耳にする言辞である。これらの敗れた皇子の中には、豊かな日本文学を生んだ母胎ともなった者もいる。それらについても言及し、文学の誕生にも触れることとしたい。

なお、私は大王という君主号の成立を雄略の時代、天皇という君主号の成立を天武朝と考えているので、雄略以前の君主の称号を王、天武即位以前のこの国の君主の称号を大王と記載することとする。同様、大王や天皇の漢風諡号は、奈良時代も後期になってから付けられたものであるが、本書では便宜上、即位以降には、なじみのある漢風諡号によって呼称することとする。

また、天武即位以前の大王の子を、男子を王子、女子を王女と、天武即位以後で大宝律令制定以前の天皇の子を、男子を皇子、女子を皇女と、大宝律令制定以後の天皇の子を、男子を親王、女子を内親王と、それぞれ表記する。同一人物で時期によって呼称が変わるのは、そのためである。

# 目次

## 略系図（欽明以前は記紀による）

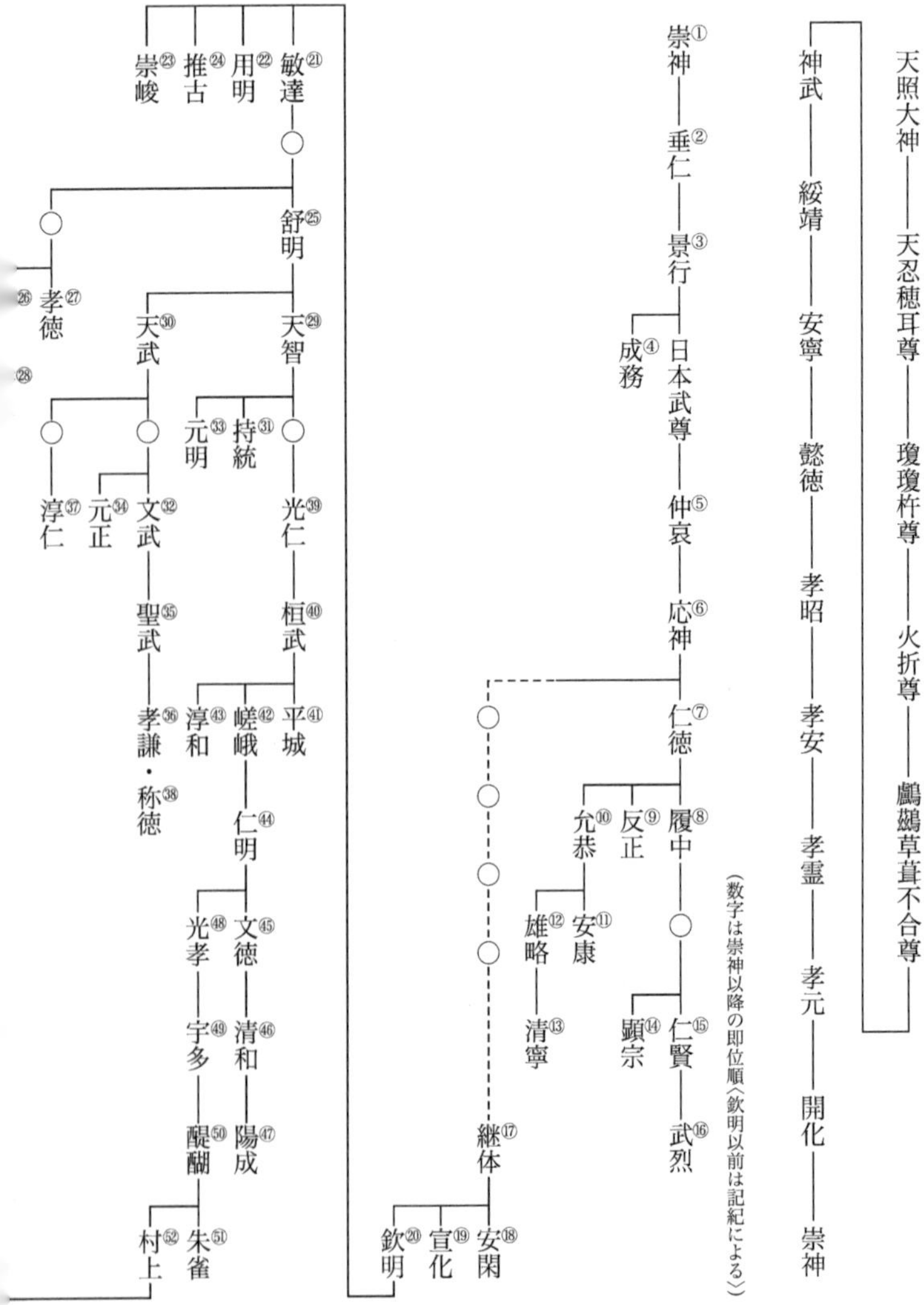

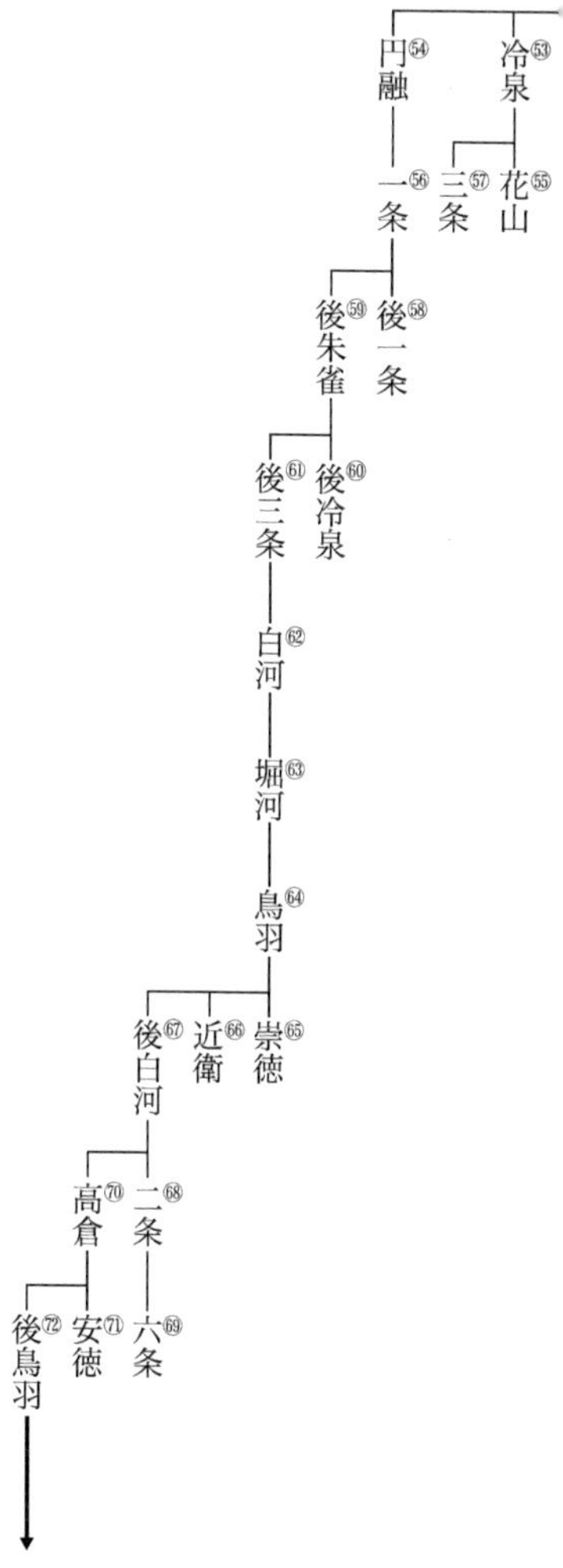

冷泉53
円融54
花山55
三条57
一条56
後一条58
後朱雀59
後冷泉60
後三条61
白河62
堀河63
鳥羽64
崇徳65
近衛66
後白河67
二条68
高倉70
六条69
安徳71
後鳥羽72

# 序章　伝承時代の王子——日本武尊など

## 記紀の王位継承

記紀（『古事記』『日本書紀』）によると、アマテラス（天照大神）の孫ニニギノミコト（瓊瓊杵尊）が高天原から降臨し、その曾孫で日向（現宮崎県）から大和（現奈良県）に入って即位したのが初代神武天皇と設定されている。二代綏靖天皇から九代開化天皇までは、ほとんど事績が記されておらず、「欠史八代」と呼ばれる。十代崇神天皇がハツクニシラススメラミコト、すなわち初めて国を治めた天皇とされ、神武と崇神は同じ人格として造形されている。

なお、たとえ記紀の世界において崇神が初代であると描かれているとしても、考古学上の初代倭王権盟主墳である箸墓古墳や、宮内庁が崇神陵に治定している行燈山古墳の被葬者が、すなわち崇神であると短絡的に考えてはならないことは、言うまでもない。

記紀に描かれる万世一系の「皇統譜」の成立は、一般的には六世紀と言われており（私は七世紀も末に入ってからと考えている）、また大王という地位を血縁的に継承する「大王家」という血縁集団も、六世紀の欽明の世代までは形成されていなかった。初期倭王権の盟主墳と記紀の伝える「天皇」の陵墓とを安易に結び付けるのは、まったく学問的ではない（ましてや宮内庁治定の「天皇陵」と）。

さて、記紀によると、欠史八代における王位継承は、すべて父子継承と記されている。『日本書紀』が完成した八世紀における現行法である大宝律令の原則に則って、嫡系継承を造形されたものであろう。ただし、二代綏靖が神武の第三皇子、三代安寧が綏靖の第一皇子（皇子は一人のみ）、四代懿徳が安寧の第二皇子、五代孝昭が懿徳の第一皇子、六代孝安が孝昭の第二

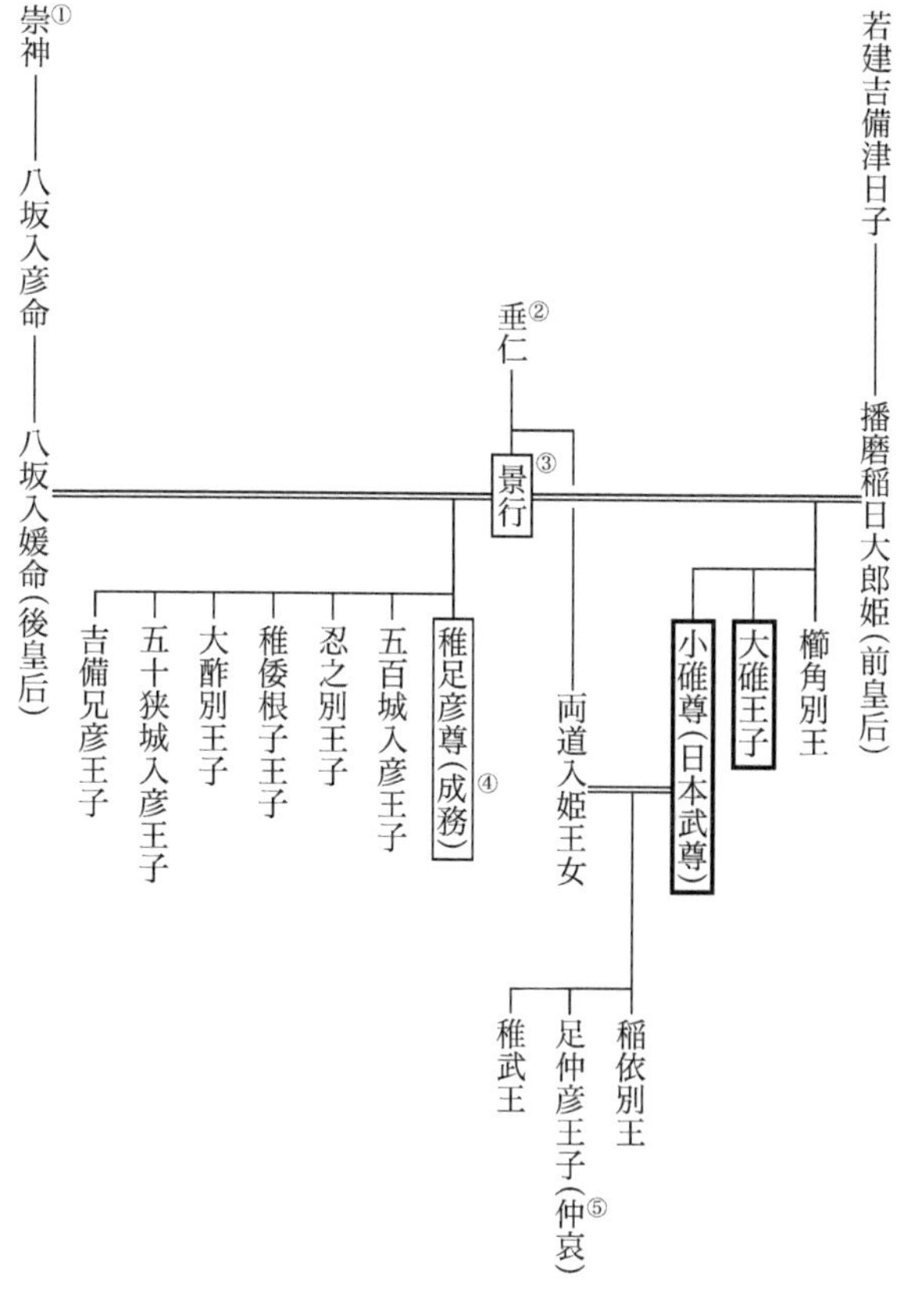


（数字は記紀の即位順、□は不慮の死を遂げた王子）

皇子、七代孝霊が孝安の第一皇子、八代孝元が孝霊の第一皇子、九代開化が孝元の第二皇子、十代崇神が開化の第二皇子として造形されている。

必ずしも第一皇子のみによる嫡子継承として設定されているわけではないのは、八世紀の皇位継承の実態を反映して設定されたからであろうか。あるいは各氏族の祖先伝承で、氏族の始祖を各「天皇」に結び付けてしまったために、複数の皇子を造形する必要が生じてしまったのであろう。

崇神以降の「天皇」位継承も、十一代垂仁が崇神の第三皇子、十二代景行が垂仁の第三皇子として設定されている。つまり、代々、「即位できなかった皇子たち」が何人も存在したということになる。ほとんどは各氏族の始祖として造形された皇子である。

### 日本武尊という存在

ここに挙げる景行王子の日本武尊（『古事記』では倭建命）も、その一人ということになる。『日本書紀』では「景行天皇」の第二王子、『古事記』では第三王子ということになっている。諱を小碓尊（『古事記』では小碓命）、またの名を日本童男（『古事記』では倭男具那命）といったとある。

母は最初の「皇后」である播磨稲日大郎姫。同母兄に櫛角別王（『古事記』のみ）と大碓王子（『日本書紀』では双子の兄）がいたとある。また、稲日大郎姫が死去した後に、崇神王子の八坂入彦命の女である八坂入媛命が「皇后」となり、後に即位して成務天皇となる稚足彦尊など七男六女を産んだことになっている。他にも景行には八人の妃がいて、八十人の王子女がいたことになっているが、ここでは省略する。

もちろん、日本武尊をはじめとするこれらの人物が実在していたはずはないが、日本武尊説話の中には、列島各地の政治勢力に対する、外交的交渉を旨とする倭王権の支配領域拡大の実像が反映されている可能性がある（倉本一宏『内戦の日本古代史』）。

## 日本武尊説話

『日本書紀』によれば、景行二十七年、熊襲が反して辺境を侵したので、十六歳の小碓尊が征討に向かい、熊襲国の魁帥（首長）である取石鹿文、またの名を川上梟帥を酒宴の席でだまし討ちにしたとある。

熊襲平定の帰途、『日本書紀』では海路で大和に帰還し、その途上で、吉備で穴海（備後国安那郡〈現広島県福山市〉）を渡った際に「悪ぶる神」を殺し、また難波に到った際に柏済（淀川河口付近〈現大阪市西成区〉）の「悪ぶる神」を殺したとある。一方、『古事記』では出雲国（現島根県）に入って、出雲建をこれまただまし討ちにしたとある。

『日本書紀』によれば、日本武尊が帰還してから十三年後の景行四十年、東夷（後の東海道・東山道諸国）が叛き、辺境が騒いだ。日本武尊は、今度は兄の大碓王子の役だと奏言したが、大碓が愕然として逃隠したというので（『古事記』では、大碓命は早い時期に小碓命〈日本武尊〉によって惨殺されたことになっている）、またも日本武尊が征討に赴くことになったとある。

白鳥塚古墳1号墳

『日本書紀』ではその後、日本武尊は伊勢（現三重県）を経て駿河（現静岡県）に到っているが、『古事記』では尾張（現愛知県）に入り、相模（現神奈川県）に到っている。この後、『日本書紀』では陸奥（現宮城県）に入り、常陸（現茨城県）を経て、甲斐（現山梨県）に到っている。

その後、『古事記』では科野（信濃、現長野県）を経て、『日本書紀』では武蔵（現埼玉県・東京都・神奈川県の一部）・上野（現群馬県）・信濃・美濃（現岐阜県）を経て、尾張に帰還したことになっている。

尾張で熱田神宮を奉斎する尾張氏の女宮簀媛と結婚した日本武尊は、近江（現滋賀県）の五十葺山（胆吹山、伊吹山）の荒ぶる神を鎮定しようと、草薙剣を置いて出征したとある。伊吹山で山の神（『古事記』では白い猪、『日本書紀』では大蛇）によって氷雨に遭わされた日本武尊は前後不覚に陥り、尾張に戻ることになっている。

そして伊勢に到った日本武尊は、疲れて歩けず、能褒野（のぼの）（現三重県鈴鹿市西部から亀山市東部）において死ぬこととなっている。『古事記』には、

倭（やまと）は 国のまほろば たたなづく 青垣 山隠（やまごも）れる 倭しうるはし

（大倭は国の中でももっともよいところだ。重なりあった青い垣根の山、その中にこもっている大倭は、美しい）

という望郷の歌を詠んだとある。

『日本書紀』では景行四十年のこととし、日本武尊は三十歳であったとある。その墓は、『日本書紀』では伊勢の能褒野→大和の琴弾原（ことひきのはら）→河内（かわち）（現大阪府）の旧市邑（ふるいちのむら）、『古事記』では能褒野→河内の志幾（しき）と改葬されたこととされている。いずれも日本武尊が白鳥（しらとり）と化して飛び立ってしまったとされていることによるものとある。

**日本武尊死後の王位継承**

そして日本武尊が死去したことと関連付けようとしたのであろうか、『日本書紀』で次に載せられているのは、景行五十一年正月の節会（せちえ）の宴に稚足彦尊と武内宿禰（たけしうちのすくね）が参仕しなかったという記事（「非常に備えるため」と言っている）、八月の稚足彦尊を「皇太子」とし、武内宿禰を

「棟梁の臣」とするという記事である。武内宿禰の方は、後に蘇我氏によって作られた武内宿禰同族系譜との関連が濃厚であろうが、稚足彦尊の方もそれと関連して作られたのであろうか。なお、成務天皇紀では、稚足彦尊が立太子したのは景行四十六年のこととしている。もちろん、皇太子の制度が成立したのは七世紀末のことである（荒木敏夫『日本古代の皇太子』）。

さて、景行五十二年五月、「皇后」稲日大郎姫が死去し、七月に八坂入媛命を新「皇后」に立てたとある。これも稚足彦尊の立太子と即位を正当化するために、その生母である八坂入媛命の地位を引き上げる必要があったのであろう。

次いで日本武尊の妃の記事が置かれる。垂仁王女である両道入姫王女との間に、犬上君・武部君（建部君）の祖となる稲依別王、後に仲哀天皇となる足仲彦王子、『先代旧事本紀』で近江建部君・宮道君の祖とされる稚武王が生まれている。他に吉備武彦の女の吉備穴戸武媛との間に讃岐綾君の祖となる武卵王と伊予別君の祖となる十城別王、穂積忍山宿禰の女の弟橘媛（走水〈現神奈川県横須賀市の浦賀水道〉で入水したとされる人物）との間に稚武彦王が生まれている（『古事記』ではさらに三人の妃から三人の王が生まれたことになっている）。

一見してわかるように、各氏族の祖先伝承をつなぎ合わせたものであり、稚武王と稚武彦王が同一人物であることからも、混乱を極めた系譜であると言えよう。

重要なのは、日本武尊が即位することができなかった悲劇の王子として造形され、代わりに即位した弟の稚足彦尊（「成務天皇」）が、六十年も在位して百七歳まで生きていたとされるのに、ほとんど事績を残さない一種の欠史天皇として描かれ、その後に結局は日本武尊の王子である足仲彦尊が即位して（「仲哀天皇」）、皇統を嗣いでいくという物語が作られているという点である（「仲哀天皇」も結局は悲劇の主人公となるのだが）。

皇統の祖として設定されながら、流浪する悲劇の王子として造形された日本武尊の存在は、それだけに古代人の記憶に深く刻まれる存在となった。

**日本武尊説話の実態**

日本武尊の実体を推測し得る史料としては、五世紀に中国南朝の宋に朝貢して冊封を受けた倭の五王のうちの五人目である武（記紀の伝える大泊瀬幼武〈雄略〉）が四七八年に入貢した際の上表文（『宋書』夷蛮伝倭国条）に、

昔から祖禰（祖先）は自ら甲冑を着して、山川を巡り歩いて安寧となる暇がなかった。東は毛人を征したこと五十五国、西は衆夷を服したこと六十六国、海を渡って海北を平らげたことは九十五国。

と語られている祖先の征服活動を行なったという、五世紀初頭に倭王権の支配地域を拡大させた何人もの王族将軍である。それらを一人の人格に集約させ、それに物語性や氏族伝承を付加したのが、日本武尊という存在だったのであろう。

王族将軍の派遣による地方勢力の服属という武の主張も、これらを必ずしも軍事行動による

征服とは考えず、平和的な交渉による同盟関係の構築であると考えれば、歴史事実を反映したものである可能性も、蓋然性を持つものである。

一方では、肥前（現佐賀・長崎県）・出雲・常陸・陸奥・尾張・播磨・阿波（現徳島県）国など、各地の『風土記』に残る日本武尊伝説は、いずれも地名起源説話を、「倭武天皇」が（武力征討ではなく）国内を巡行して井を掘らせたり、国見をしたり、狩猟を行なったりした結果として結び付けているものである。たとえば、常陸という国名自体が、

> 倭武天皇が、東の夷の国をご巡行なさって、新治県をご通過になったときに、国造である毗那良珠命を遣わされて、新たに井を掘らせなさったが、流れる泉が清らかに澄み、とても感動的な美しさであった。その時に、お乗物を止めて、すばらしい水だと褒めて手をお洗いになったところ、御衣の袖が泉に垂れて濡れた。そこで袖をひたすという言葉によって、この国の名としたのである。

と、「倭武天皇」が掘らせた井に結び付けて語られているのである（『常陸国風土記』）。なお、これら『風土記』に残る日本武尊伝説のうち、肥前・出雲・常陸・陸奥・尾張国については、記紀の伝承にも語られている地域である。

ただ、『常陸国風土記』や『播磨国風土記』などいくつかの国の『風土記』が、『日本書紀』編纂以前に完成していたとされるように、『風土記』が語る巡行説話の方が、実像を伝えてい

る可能性が高い。

各国を放浪するとされる即位できなかった王子は、こうして各地方の伝承として定着していったのである。それでは、倭王権以来の「即位できなかった王子たち」について、その物語を見ていくことにしよう。

# 第一章　倭王権の成立と王子

五世紀のいわゆる「倭の五王」は、東晋の四一三年から宋の全期間、あるいは南斉や梁にかけて、中国南朝への朝貢を行ない、南朝の皇帝によって冊封を受けた。『晋書』『宋書』『南斉書』『梁書』の倭国伝に、讃、珍、済、興、武として記録が残る。

しかし、これら五王が『日本書紀』のどの「天皇」にあたるかを云々することは、ほとんど意味のないことである（河内春人『倭の五王』）。いまだ「皇統譜」は成立していないのみならず、大王という地位を血縁的に継承する「大王家」という血縁集団も形成されていなかったのである（大平聡「世襲王権の成立」）。

最後の武については、ほぼ確実に、ワカタケル大王（＝記紀の伝える雄略）であったと推定されるのであるが、これについては後に述べよう。

重要なのは、即位の次第（順序）や系譜を記す「皇統譜」も成立しておらず、『日本書紀』編纂時の天皇家とも血縁のなかった五世紀段階の「天皇」に関して、『日本書紀』が数々の皇位継承争い物語を載せているということである。様々な氏族の伝承を原史料として、それらは『日本書紀』の記事に定着したものであろうが、それらからは逆に、律令制成立期の皇位継承に対する認識が窺えるものもある。いくつかの例を考えてみることとする。

また、六世紀に越前（現福井県）から倭王権に入った継体と、その嫡流となった欽明以降は、蘇我系王統、非蘇我系王統の抗争を軸として、大王位が争われた（倉本一宏『持統女帝と皇位継承』）。当然ながら、大量の「即位できなかった王子たち」が現われた。これらは本当に、大王の血を引いていながら、様々な歴史条件によって即位することができなかった者たちである。

代表的な例について、考えてみよう。

## 1　仁徳と菟道稚郎子王子

### 仁徳という存在

宮内庁が治定している現「仁徳天皇陵」（大山古墳）が世界文化遺産に登録され、注目が集まっている「仁徳天皇」について、その即位の物語を考えてみよう。

なお、大山古墳は五世紀中葉に築造されたものと考えられており、記紀が「仁徳天皇」が在位したと伝えている年代とは異なる。そもそも、仁徳が実在した王なのかも不確定であり、その陵墓を云々したり、倭の五王のどれにあたるかを推定したりするのは、あまり意味のあることとは思えない。

記紀における仁徳の文脈は、国見をして民の家から炊飯の烟が昇っていなかったのを見て、三年間、課役の徴収を停止したという仁政説話（もちろん、漢籍の修飾である）、難波の堀江（現大阪市）の開削や茨田堤（現大阪府門真市・寝屋川市付近）の築造をはじめとする河内平野の開発記事、「皇后」葛城磐之媛の矢田王女に対する嫉妬物語（和歌物語でもある）などによって構成されている。この中で、仁徳の背後に、後に葛城氏と呼ばれる集団が存在したことを想定することは、おそらくは的を射ているものであろう。

中には五世紀頃の何らかの史実を反映させたものもあるのであろうが、全体としては徳治思想を実践した「聖帝」としての存在として造形されたものであることは明らかである（松倉文比古「仁徳紀の構成（二）」）。これは令制下における理想的天皇像を語る意図に基づくもので、『日本書紀』以降にも、仁徳＝聖帝という位置付けは、繰り返し語られて定着していくことになる（若井敏明『仁徳天皇』）。

## 応神天皇の王子たち

ここで問題としたいのは、この仁徳の即位が、かなり特異な出来事の後に行なわれたという、記紀の物語である。

まず、父とされる「応神天皇」の四十年正月条にかけられている皇太子選定のやりとりから始まる。

応神の主要な后妃としては、「景行天皇」の王子とされる品陀真若王の女とある仲姫命（母は尾張国造の系譜を引き、日本武尊の妃である宮簀媛の姪にあたる金田屋野姫命）が「皇后」とされ、大鷦鷯王子（『古事記』では「大雀命」）と根鳥王子を産んだとされる。これより先に仲姫命の同母姉である高城入姫命が妃となっており、額田大中彦王子・大山守王子・去来真稚王子と王女二人を産んだとされている。次いで仲姫命の同母妹である弟姫命も妃となり、王女三人を産んだとされる。

その他、和珥日触使主の女である宮主宅媛が菟道稚郎子王子（『古事記』では「宇遅能和紀郎子」）と矢田王女・雌鳥王女を産んだとされている（他に三人の妃が四人の王子と二人の王女を産んでいる)。

　これらの中で、元々、仲姫命の産んだ大鷦鷯王子、次いで高城入姫命の産んだ大山守王子(額田大中彦王子は「中」が付いているので、高城入姫命所生の長子ではない)が、有力な皇嗣(こうし)として造形されていることは、明らかであろう。

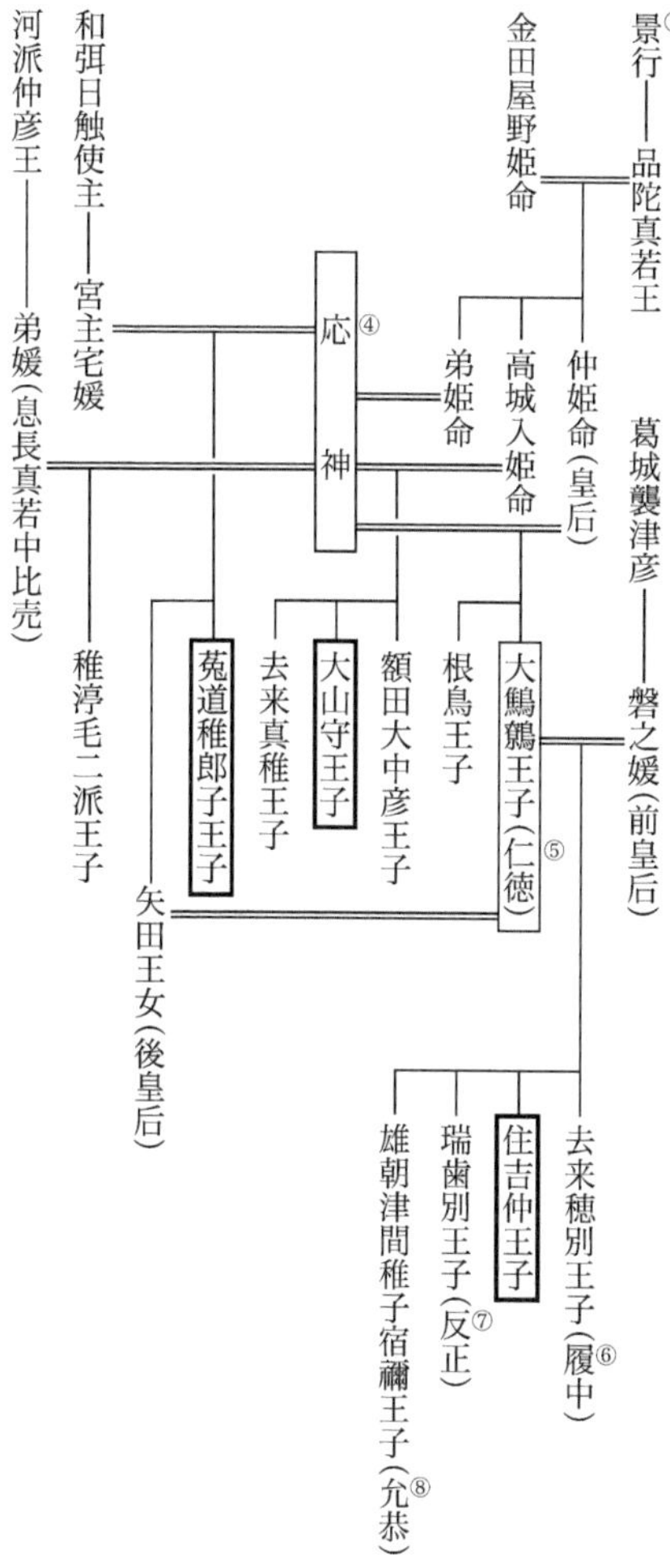

(数字は記紀の即位順、□は不慮の死を遂げた王子)

仁徳即位物語に主役として登場する末弟の菟道稚郎子王子が、血統の上では、元々有力な王子として造形されたわけではないことは、重要な点である。なお、菟道稚郎子王子の生母である和弭宮主宅媛は、後に和珥氏と呼ばれる集団の出身ではあるが、奈良盆地北部の春日を地盤とする和珥集団の本宗ではなく、和珥集団に属する宇治の木幡の豪族の出身である（『古事記』）。この集団が実在していたのならば、その墳墓は、一八七七年（明治十）に藤原氏出身の皇室関係者十七陵三墓の「宇治陵」として治定された古墳時代の群集墳であろう。

『日本書紀』によれば、菟道稚郎子王子は、応神十五年に百済から渡来した阿直岐と、応神十六年に同じく百済から渡来した王仁を師として典籍を学び、また応神二十八年には、高句麗からの上表文に「高麗王が日本国に教す」とある非礼を指摘して、これを破り捨てたりしている。後文によれば、応神はこの菟道稚郎子王子を寵愛したという。

## 応神の「皇太子」

応神は常に菟道稚郎子王子を皇太子に立てようと思っていたが、大山守王子と大鷦鷯王子の考えを知りたいと思い、応神四十年、大山守王子と大鷦鷯王子を呼び、「年長けた子と若い子とは、どちらがとりわけ可愛いか」と尋ねたとある。大山守命が、年長けた子に及ぶものはないと答えたところ、応神は喜ばない顔つきになった。大鷦鷯王子は応神の顔色を察して、「年長けた子は、多くの年月を経て、すでに一人前になっており、少しも気にかかることはない。ただし年若い子は、まだ一人前になれるかどうかがわからない。それで若い子の方がとても可愛い」と答えたという。

応神はこれを承けて、菟道稚郎子王子を皇太子に立て、大山守王子に山川林野を管掌させ、大鷦鷯王子を皇太子の補佐として国事を治めさせたとある。

この後、応神は四十一年の治世の後に、百十歳で死去したことになっている。

## 大山守命の討滅

ところが、『日本書紀』によると、「皇太子」となったはずの菟道稚郎子王子は、王位を大鷦鷯王子に譲ろうとして、即位しなかった。皇太子という地位が七世紀末までは成立しておらず、大化前代には群臣（マヘツキミタチ）による推戴によって即位していたことを考えると、これは生母の地位が低く、年齢も若い菟道稚郎子王子が、群臣による推戴を受けられそうもないといった背景から、応神の後継者を辞退するという文脈なのであろう（マヘツキミという制度も欽明の代までは成立していなかったのであるが）。

大鷦鷯王子は、これを固辞して承諾せず、互いに王位を譲り合ったと続く。『論語』や『漢書』の文飾を散りばめた名場面なのであるが、「卑母から生まれた末弟の皇太子」という設定がそもそも不自然なのであって、結局は即位することになる大鷦鷯王子の高徳を際立たせて顕彰するための物語なのであろう。なお、菟道稚郎子王子の物語が、母方の和珥氏の伝承から由来していることは、古くから指摘されている（吉井巌「応神天皇の周辺」）。

この時、額田大中彦王子が大和の屯田と屯倉とを管掌しようとしたが、報告を受けた菟道稚郎子王子は大鷦鷯王子に調査させた。屯田は「垂仁天皇」の代以来、天皇が管掌するものであるという結果を得た大鷦鷯王子は、これを額田大中彦王子に知らせると共に、額田大中彦王子の悪業を知ることになったという。天皇権威を冒す者を排除する、後の聖帝仁徳という文脈で作られた説話であろう。

大山守王子の方は、常々、応神が自分を皇太子に立てなかったことを恨んでいたが、重ねて今回のことも恨み、「私が太子を殺して帝位に登ってやろう」と言ったという。大鷦鷯王子は前もってその謀を聞き、兵士を備えて身を守るよう、密かに菟道稚郎子王子に告げたとある。この文脈だと、大山守王子が謀略を大鷦鷯王子に持ちかけ、大鷦鷯王子がそれを密告したことになる。

菟道稚郎子王子は兵士を配備して待機し、大山守王子はそれを知らず、一人で数百人の兵士を率いて出発した。夜明けに菟道（宇治）に着き、川を渡ろうとした。その時、菟道稚郎子王子は粗末な着物を着て檝を取り、密かに渡し守に交じって、大山守王子を船に乗せて渡した。川の中ほどに来た時、渡し守に頼んで、船を踏んで傾けた。大山守王子は川に落ち、流されながら歌を詠んだりしたが、伏兵が多く起こって、岸に着くことができず、沈んで死んでしまった（『古事記』では、伏兵の矢に刺さって死んだことになっている）。

その遺骸を捜させたところ、考羅の済（現京都府京田辺市河原）に浮かんでいた。菟道稚郎子王子は大山守王子を那羅山（現奈良市歌姫町）に葬ったとある。若草山山頂の鶯塚古墳がそれであるという伝承もある。

先の額田大中彦王子の悪行譚と併せ、高城入姫命系の応神王子を排除するという文脈で作られた説話なのであろうが、この物語における大鷦鷯王子の立ち位置は、なかなかに微妙である。はじめは大山守王子から共謀を持ちかけられてそれを密告し、実際に大山守王子を討滅する際にはそれを菟道稚郎子王子に丸投げして、自分はどちらに転んでも大丈夫なように傍観しているかの観があるのである。物語を造作した主体が和珥氏であったことによるものであろうか。

## 仁徳の即位

この後、菟道稚郎子王子の物語が終幕を迎える。『日本書紀』によると、宮室を菟道に造って住んでいたが、なお位を大鷦鷯王子に譲るつもりで、長らく皇位に即かず、皇位が空のまま、三年が経った。

なお、この菟道宮は、『山城国風土記』逸文では桐原日桁宮と記されている。その故地は現在の宇治上神社または宇治神社に比定されてきた。両社は、『延喜式』神名帳に、「山城国宇治郡　宇治神社二座」と記されており、明治以前は「宇治離宮明神」と称されていた。対岸の平等院と同時期に造営された現存最古の神社建築である宇治上神社本殿は、一間社流造の内殿三棟が左右に並び、左殿（向かって右側）に菟道稚郎子王子、中殿に応神天皇、右殿に仁徳天皇を祀っている。ちなみに、鎌倉時代前期に造られた拝殿の方は、寝殿造の遺構として有名である。

宇治上神社本殿

さて、海人（あま）が菟道宮に献上した鮮魚も、互いに譲り合ったので、海人は菟道と大鷦鷯王子の宮のある難波を往復している間に、魚は腐ってしまった。海人は鮮魚を棄てて泣いたとある。

そこで菟道稚郎子王子は、「私は兄王（大鷦鷯王子）の志を奪うべきではないことを知っている。どうして長く生きて、天下を煩わすことがあろうか」と言って、自殺してしまったことになっている。なお、『古事記』では、単に「早く崩じた」とだけ記されている。先の鮮魚の話といい、いくら何でも不自然な設定と考えたのであろう。

大鷦鷯王子は、菟道稚郎子王子が死んだと聞き、驚いて難波から馳（は）せ参じ、菟道宮にやって来た。この時には、死後三日が経っていたが、大鷦鷯王子は、胸を打って泣き叫び、髪を解いて遺骸に跨（また）り、「我が弟の王子よ」と三度呼んだ。殯宮（もがりのみや）における招魂（しょうこん）儀礼としての誄（しのびごと）の描写である。すると菟道稚郎子王子は即座に生き返って、起き上がった。二人の互譲がまた始まり、菟道稚郎子王子は同母妹の八田王女を進上して、ふたたび死去したとある。

大鷦鷯王子は慟哭し（これも殯宮儀礼である）、菟道稚郎子王子を菟道の山の上に葬った、というところで、この物語は終わり、八田王女をめぐる嫉妬物語につながることになる。

「菟道の山の上」となると、宇治上神社背後の朝日山と考えるのが自然で、享保十八年（一七三三）には、朝日山の山頂に墓碑が建立されたりした。『続日本後紀』には、菟道稚郎子王子は遺命によって散骨させたという伝承も見える。『延喜式』諸陵寮では、「宇治墓」として記載され、山城国宇治郡に所在したとする。ところが、一八八九年（明治二十二）に、宇治川東岸の平坦地にある「浮舟の杜」と呼ばれた円丘（「丸山古墳」）が墳丘長八〇メートルの前方後円形に成形され、「菟道稚郎子墓」に治定されて、今日に至っている。いずれにせよ、どっちみち架空の人物なので、どうでもいい話なのではあるが。

そしてその後、大鷦鷯王子は即位したことになっている。民の家の烟の説話が続き、葛城磐之媛の矢田王女に対する嫉妬物語が始まることになる。

### 菟道稚郎子王子の記憶

こうして、とても本当にあった話とは思えない破天荒な菟道稚郎子王子物語が幕を閉じることになるが、古代人はこの悲劇の王子のことを、忘れることはなかった。それは仁徳天皇の聖帝物語の胡散臭さの裏返しとして、この王子の、単に儒教倫理ではくくれない悲劇性が、人々

「菟道稚郎子墓」

の同情を生んだことによるものなのであろう。

王子の死を悼んだ挽歌「宇治若郎子の宮所の歌一首」が、『万葉集』巻第九の「柿本朝臣人麿歌集」に、次のように見える。

妹らがり 今木の嶺に 茂り立つ 妻松の木は 古人見けむ

（今木の嶺に茂り立つ妻を待つという松の木は、昔の人も見たであろう）

また、『播磨国風土記』揖保郡大家里条では、「宇治の天皇の世」と記されている。天皇の歴代が確定する『日本書紀』成立以前の筆録であるため、菟道稚郎子王子を天皇に入れたものとされている。

また、応神の后妃と王子の物語は、天武天皇の后妃のうち、本来の正妃であった大田王女が姉でありながら皇后になれず、所生の大津皇子が滅ぼされ、同母妹の鸕野王女が皇后となってその所生の草壁皇子が天武天皇の後継者となった史実、また二人より年長でありながら後継者とはなれなかった高市皇子という史実と、構造としては合致する。

大山守王子の墓が、殺された宇治から運ばれて山背・大和国境の那羅山（奈良山）に造られたとされることと、大津皇子の墓が、処刑された磐余から運ばれて河内・大和国境の二上山に造られたこととも符合する（岩下均「菟道稚郎子の一考察」）。

このような歴史の積み重ねによって、嫡流としての皇統が確定していき、その都度、即位できなかった悲劇の王子が生まれ続け、物語が再生産されることになるのである。

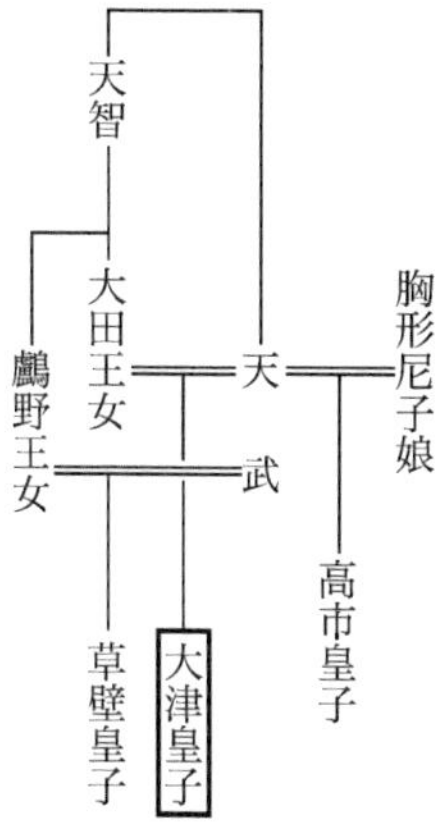

## 2　大王雄略と木梨軽王子・大草香王子・坂合黒彦王子・磐坂市辺押羽王子

### 雄略までの王位継承

仁徳が死去した後も、後継者となった去来穂別王子（後の履中）に対して、同母弟の住吉仲王子の反乱が起こったと伝えられるなど、王位をめぐる混乱が続いたことになっている。記紀では、このような混乱を経て、履中・反正・允恭と王位が兄弟間で継承されたことを語っている。

ただし、『宋書』夷蛮伝倭国条に見える倭の五王は、二人目の珍と三人目の済との間の血縁関係の記載がなく、ここで倭国王の系譜が断絶している可能性が高い。実際にもこの五世紀には、血縁関係のない集団間で王位が継承されていたのであろう（五世紀以前も同様だったはずである）。

五世紀中期からは、河内の古市古墳群（現大阪府藤井寺市から羽曳野市）の古市墓山古墳（墳丘長二二五メートル）、市ノ山古墳（墳丘長二二七メートル）、岡ミサンザイ古墳（墳丘長二四二メートル）、軽里大塚古墳（墳丘長一九〇メートル）、和泉の百舌鳥古墳群（現大阪府堺市）の御廟山古墳（墳丘長二〇三メートル）、土師ニサンザイ古墳（墳丘長二八八メートル）と、両古墳群で交互に巨大前方後円墳が造営されることと考え併せると、興味は尽きない。

五人目の武については、『宋書』に上表文が残るのみならず、熊本県江田船山古墳出土大刀銘に「獲□□□鹵大王」、埼玉県稲荷山古墳出土鉄剣銘に「獲加多支鹵大王」とあることから、ほぼ確実に、ワカタケル大王（＝記紀の伝える雄略）であったと推定される。『宋書』にある、「興死して弟武立ち」という記事は、記紀で雄略が同世代の王族五人を殺して即位していることと考え併せると、四人目の興が武に殺害されたことを語っている可能性もあることになる。

### 木梨軽王子の排除

　允恭の次には、世代交代が伴う。王子のいなかった反正はともかく（『日本書紀』の伝える高部王子は、『古事記』では「多訶弁郎女」とあるように、王女とされている）、履中には磐坂市辺押羽王子と御馬王子、允恭には、木梨軽王子・坂合黒彦王子・穴穂王子・八釣白彦王子・大泊瀬稚武王子と五人の王子がいた。どちらの系統から、どの王子に王位を降ろすかで、各豪族の思惑もからんで、様々な動きがあったという文脈なのであろう。

　最初に破綻したのは、允恭の長子とされ、允恭二十三年に立太子したことになっている木梨軽王子である。同母妹である軽大娘王女に密通したのである。事が顕われたものの、皇太子ということで不問に付されたが、允恭が死去した後、穴穂王子によって討たれたとある。一説には伊予国に流されたとあるが、いずれにしても、同母兄弟間の王位継承争いが根本的な問題で、それに同母兄妹間の禁忌や和歌物語が加えられた説話であろう。なお、愛媛県四国中央市にある東宮山古墳（古墳時代後期の円墳）が、地元では木梨軽王子の墓と言われており、一八九五年（明治二十八）に宮内庁陵墓参考地に指定された。

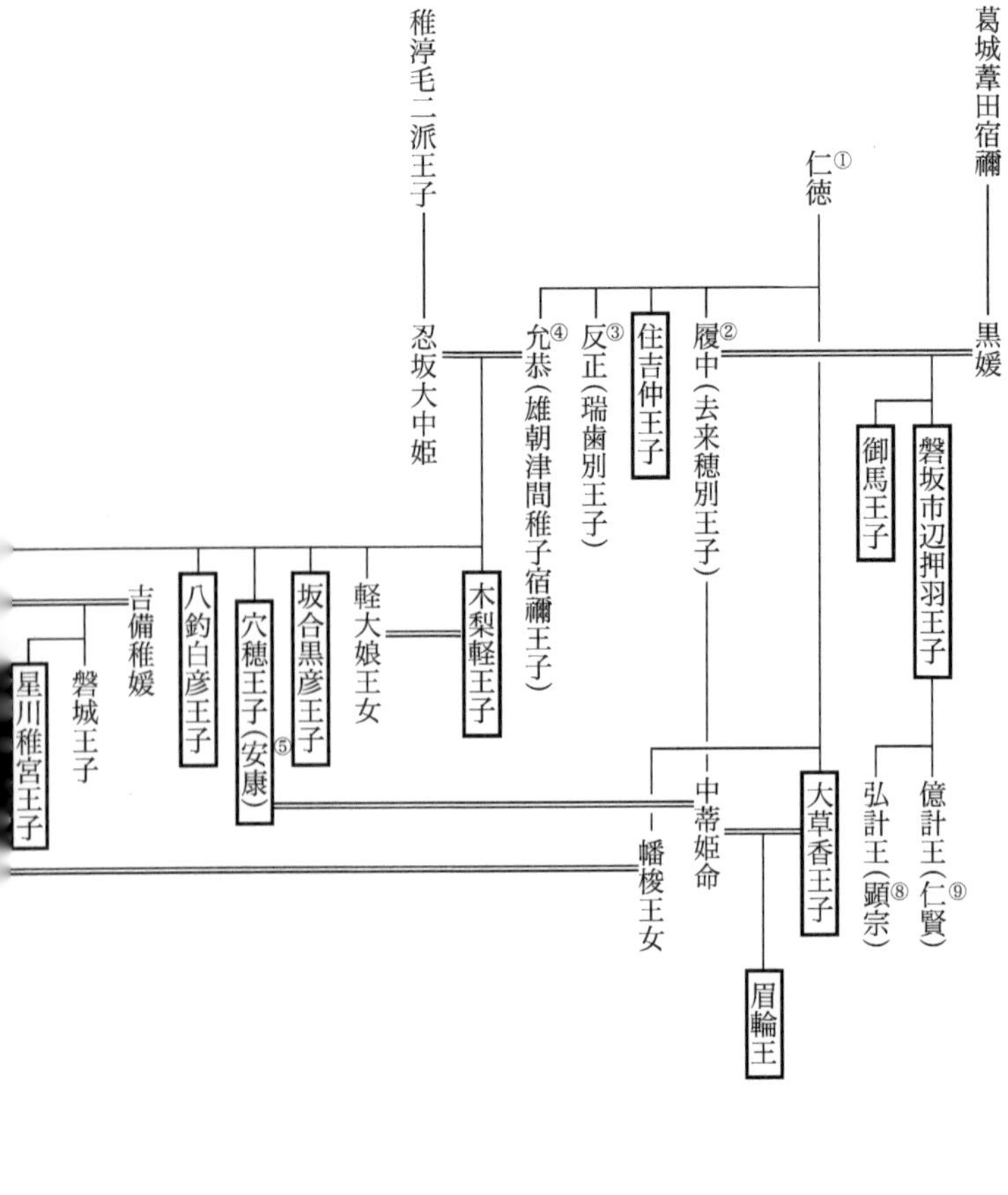


(数字は記紀の即位順、□は不慮の死を遂げた王子)

## 大草香王子の滅亡

そしてもう一人、残っていた旧世代の仁徳王子である大草香(おおくさか)王子も、滅ぼされることになった。大草香王子の生母は日向(ひゅうが)国の地方豪族である諸県牛諸井(もろがたのうしもろい)の女(むすめ)の髪長媛(かみながひめ)で、日向から召した女性である。

木梨軽王子を討って穴穂王子が即位した後(安康(あんこう))、安康同母弟の大泊瀬稚武王子は、反正の王女たちと結婚しようとした。ところが彼女たちは、大泊瀬稚武王子が暴強であるのを嫌がり、皆、断ってしまったという。

安康は大草香王子の同母妹である幡梭(はたび)王女を娶(めと)らせようとした。安康が遣わした使者に対して、大草香王子は結婚に同意し、その信契(しるし)(契約の品)として押木珠縵(おしきのたまかずら)という宝物を献上した。ところが使者がその美しさに心を動かされ、偽って安康に、大草香王子が婚姻を拒否したと告げ、珠縵を自分のものとしてしまった。

この讒言(ざんげん)を信じた安康は、怒って兵を起こし、大草香王子の家を囲んで、これを殺した。そして大草香王子の妻である中蒂姫命(なかしひめのみこと)を自分の「皇后(こうごう)」とし、幡梭王女を大泊瀬王子と結婚させたという。

後文に、安康が自分の後継者に履中王子である磐坂市辺押羽王子を考えていたという記述があるが、これは安康と磐坂市辺押羽王子が協力して大草香王子を滅ぼしたことを示しているという意見もある（若井敏明『仁徳天皇』）。すでに暴虐の聞こえが高かった大泊瀬稚武王子への継承を避けようとしたのであろうか。大泊瀬稚武王子が後に磐坂市辺押羽王子を殺すことになるのも、この時の安康との密約によるものであるという文脈で設定されているのであろう。

### 安康の殺害

ところが、中蒂姫命が大草香王子との間に産んでいた眉輪王は、中蒂姫命と共に安康に引き取られていた。『日本書紀』では沐浴しようとして行幸した山宮の楼での宴会、『古事記』では夢に神託を請うための床において、安康が中蒂姫命に、眉輪王の復讐を恐れていることを語った。楼の下で遊んでいた眉輪王はそれを聞き、安康が寝ている隙に安康を殺したとある。

『日本書紀』に「幼年」、『古事記』に「七歳」とある眉輪王が、このようなことを行なうとは、かなり無理のある設定であるが、記紀共に、この後に大泊瀬稚武王子が大活躍して何人もの王子を殺し、即位するという物語につなげている点を重視すると、最初から大泊瀬稚武王子が関与していたことを匂わせているものであろう。

### 八釣白彦王子・坂合黒彦王子・眉輪王の殺害

『日本書紀』ではこの後、報告を受けた大泊瀬稚武王子が、たいそう驚き、すぐに兄たちを疑って、まず八釣白彦王子を詰問した。八釣白彦王子が黙座して何も語らないと、大泊瀬稚武王子はすぐさま刀を抜いてこれを斬った。さらに坂合黒彦王子を詰問すると、これも黙座して何も語らず、大泊瀬稚武王子は激昂したとある。

坂合黒彦王子は疑われるのを恐れ、密かに眉輪王と相談して、二人で隙をみて脱出し、葛城円の家に逃げ込んだ。大泊瀬稚武王子は使者を遣わして引き渡しを求めたが、円は応じなかった。大泊瀬稚武王子は強力な兵を起こして、円の家を囲んだ。円は女の韓媛と葛城の家七箇所を献上して、罪を贖うことを乞うたが、大泊瀬稚武王子は火を放って家を焼き、円と坂合黒彦王子・眉輪王は、共に焼き殺されたとある。

『古事記』では、大長谷王子（大泊瀬稚武王子）がまず黒日子王（坂合黒彦王子）の許に行って処置を尋ねたが、黒日子王が驚きもせず、何もしないのを見て、兄を罵り、「一つには天皇であり、一つには兄弟であるというのに、どうして頼もしい心もなく、人が自分の兄を殺したということを聞いて、驚きもせずすべきこともしないのか」と言って、即座に襟首をつかんで引きずり出し、剣を抜いて打ち殺したということになっている。

また、もう一人の兄、白日子王（八釣白彦王子）の許に行って、事情を告げたが、これも黒日子王と同様の態度であったので、即座に襟首をつかんで引き連れてきて、飛鳥の小治田に行き、穴を掘って、その中に立ったままの状態で埋めて殺したという。

さらに、大長谷王子は軍勢を起こして、目弱王（眉輪王）が逃げ込んでいた都夫良（円）の家を取り囲んだ。都夫良は女の訶良比売（韓媛）と葛城の五箇所の屯宅を献上し、もう戦うことができないということで、剣でその目弱王を刺し殺し、自分の首を斬って死んだとある。

どちらとも、とても本当の話とは思えない物語であるが、これも同母兄弟間の王位継承をめぐる争いを説話化したものであろう。いずれにしても、「悪逆天皇」と称された雄略の面目躍如といった感の物語である。

なお、葛城の極楽寺ヒビキ遺跡（現奈良県御所市）では、火災で焼失した五世紀前半の大型豪族居館（「高殿」）が発見され、この時の所伝を裏付けるものと一部で大騒ぎされたが、実際には年代がずれている。

安政年間（一八五四～六〇）に現奈良県吉野郡大淀町今木のジヲウ古墳（城ノ塚古墳）が坂合黒彦王子の墓に治定され、宮内庁によって管理されている。

また、これらの遺骨を一つの棺に盛って、新漢の擬本の南丘に合葬したという墓を、五世紀後葉に築造された掖上鑵子塚古墳（現奈良県御所市。墳丘長一四九メートル）や、六世紀末から七世紀初頭に築造された水泥古墳（現奈良県御所市。径一四メートルと二〇メートルの円墳二基）に充てる説もあるが、もとより確証のある話ではない。

### 磐坂市辺押羽王子・御馬王子の殺害

その後、大泊瀬稚武王子は、安康がかつて、磐坂市辺押羽王子に王位を継承させようとしたのを恨み、磐坂市辺押羽王子を巻狩と偽って近江に誘い、来田綿の蚊屋野（現滋賀県蒲生郡日野町）で狩猟をした際に、偽って大声で「猪がいる」と言って、磐坂市辺押羽王子を射殺した。

後文には、磐坂市辺押羽王子の子である億計王・弘計王兄弟は難が及ぶのを恐れ、丹波国を

現「磐坂市辺押羽王子墓」（古保志塚）

経て播磨国赤石に逃れ、名を隠して縮見屯倉首に仕えたとある。この二人が「発見」され、仁賢・顕宗として即位するという物語が続く。

なお、後年、即位したことになっている顕宗は、老婆の案内で磐坂市辺押羽王子の遺骨を掘り出し、そこに陵を造ったとある。実は『延喜式』諸陵寮には磐坂市辺押羽王子の墓の記載はないのであるが、一八七五年（明治八）になって滋賀県近江市市辺町の若宮神社の東側の円墳（古保志塚）が「陵墓」に治定され、大きく改修された。実際には横穴式石室墳で、年代的には矛盾している。

さて、磐坂市辺押羽王子には殺害される理由を設定した『日本書紀』編者であるが、その同母弟の御馬王子となると、殺される謂われも作れなかったようである。以前から親しかった三輪身狭に考えを伝えようと思って出かけたところ、思いがけず途中で伏兵に遭い、三輪の磐井

脇本遺跡

のほとりで交戦し、捕らえられて処刑されたということになっている。これまでは、大泊瀬稚武王子の同世代王族殺戮に何かと理由を付けてきた『日本書紀』編者も、さすがにネタが尽きたといったところであろうか。

ただ、この二人は、同母兄である八釣白彦王子や坂合黒彦王子とは異なり、大泊瀬稚武王子にとっては、従父兄弟（イトコ）に過ぎない。当時はまだ、兄弟相承へと移行する以前の過渡期として、同世代内相承の影響を色濃く留めているとの指摘もある（寺西貞弘「大化前代の皇位継承について」）。

## 雄略の即位

こうして同世代の王族をすべて殺戮した大泊瀬稚武王子は、泊瀬朝倉宮で即位した。五世紀後半の巨大な掘立柱穴が発見された脇本遺跡（現奈良県桜井市）が、その故地と推定されている。記紀の年紀では、即位は西暦四五六年に相当する。

　朝鮮半島南部を含む「天下」を支配する小帝国の形成を目指した雄略は、実際にも「大王」（訓はオホキミ）を称し、高句麗と対峙した。

『万葉集』巻第一の巻頭歌には、「泊瀬朝倉宮御宇天皇代［大泊瀬稚武天皇］天皇の御製歌」という標目が付されている。「そらみつ　大和の国は　おしなべて　我れこそ居れ　しきなべて　我れこそ座せ（大和の国は、ことごとく私が治めているのだ、全部私が支配して居られるのだ）」という自負は、たしかに古代人にとって代表的帝王と認識されていた雄略に相応しいものである。また、『日本霊異記』上巻「雷を捉ふる縁　第一」も、雄略の世という時代設定で説話を始めている。その他、『丹後国風土記』に見える水江　浦嶼子の説話も、「長谷朝倉宮御宇天皇の御世」のこととしている。

　岸俊男氏が論じられたように、八世紀を中心とする時期には、雄略や雄略朝に対する人々の関心が深く、多くの古代天皇の中でも雄略が印象の強い存在として、当代人の脳裏に深く刻み込まれていたのである（岸俊男「画期としての雄略朝」）。

　しかし、後の武烈と同様、暴虐な王によって王統が絶えるという文脈も、『日本書紀』には見え隠れしている。私見によれば、雄略が死去してからの大王位継承については、不明確な部分が多い。記紀によれば、雄略の後、清寧、顕宗、仁賢、武烈が即位したことになっているが、その史実性については不明である。武烈を暴虐非道な大王として描くのは、王統がここで断絶し、男大迹王が新王統の祖として即位する（継体）ことの伏線の意味を持つものである。雄略は記紀の伝える崩年よりも後の六世紀初頭まで在位していた可能性もあり、そうすると、雄略の死後、その王統は絶え、数年の空位を経て、継体が即位したということになる。雄略の「悪逆」な行為も、同じ文脈で理解すべきであろう（倉本一宏『平安朝 皇位継承の闇』）。

## 3　大王欽明と穴穂部王子

### 新王朝の成立

記紀によれば、即位二十三年目に雄略が死去した後、吉備稚媛所生の星川稚宮王子の「謀反」を経て、病弱な白髪王子が即位したが（記紀の伝える清寧）、清寧は王子女を残すことなく死去した。その後、播磨で「発見」された磐坂市辺押羽王子の子である弘計王（記紀の伝える顕宗）・億計王（記紀の伝える仁賢）が相次いで位に即いたものの、顕宗は三年、仁賢は十一年で死去した。その後、仁賢王子で暴虐な小泊瀬稚鷦鷯王子が即位したことになっている（記紀の伝える武烈）。しかし、これらの史実性については、間に「臨朝秉政（称制）」したという飯豊青王女も含めて、不明と言うべきであろう（倉本一宏『平安朝 皇位継承の闇』）。

播磨から入った顕宗・仁賢が即位したと主張し、武烈をことさらに暴虐非道な大王として描くのは、越前から迎えられた男大迹王（継体）が即位することの伏線の意味を持つものであろう。雄略が記紀の伝える崩年よりも後の六世紀初頭まで在位していたとすると（『南斉書』東南夷伝倭国条、『梁書』武帝本紀・天監元年〈五〇二〉四月戊申条、北宋模写「梁職貢図」の模本にあたる「清張庚諸番職貢図巻」）、雄略の死後、数年の空位を経て、男大迹王（継体）が即位したということになる。

このようなことが起こり得たのは、血縁原理による王権継承が導入されたのが、せいぜい雄略の頃と、まだ間がないことによるものであった（大平聡「世襲王権の成立」）。無道の君主である武烈によって王朝が滅び、有徳の君主（継体）が新たに王統を創始するという論理は、中国の易姓革命の思想によるものであり、『日本書紀』もこれを新王朝と認識していたことになる。

男大迹王は、前王統の手白香王女（記紀の所伝では仁賢王女で武烈の姉）との婚姻により、いわば倭王権への婿入りという形で即位を要請されたものと思われる。加えて、男大迹王と尾張の豪族の女である尾張目子媛との間に、かなり前に生まれていた勾大兄王子（記紀の伝える安閑）、および檜隈高田王子（記紀の伝える宣化）も同様、仁賢の王女と婚姻している。高齢の男大迹（継体）が手白香王女との間に王子を儲けられなかった場合のスペアとして、いわば一族ごと、倭王権に婿入りしたものと考えられよう。

### 王権の動揺

手白香王女は無事に天国排開広庭王子（後の欽明）を儲けたが、当時は譲位の制がなく、また大王として即位するためには、三十歳前後に成人している必要があった。即位時にすでに五十八歳に達していたとも伝えられる継体が、天国排開広庭王子の成人するまで存命するとは考えられていなかったはずで、中継ぎとして勾大兄王子（安閑）や檜隈高田王子（宣化）の即

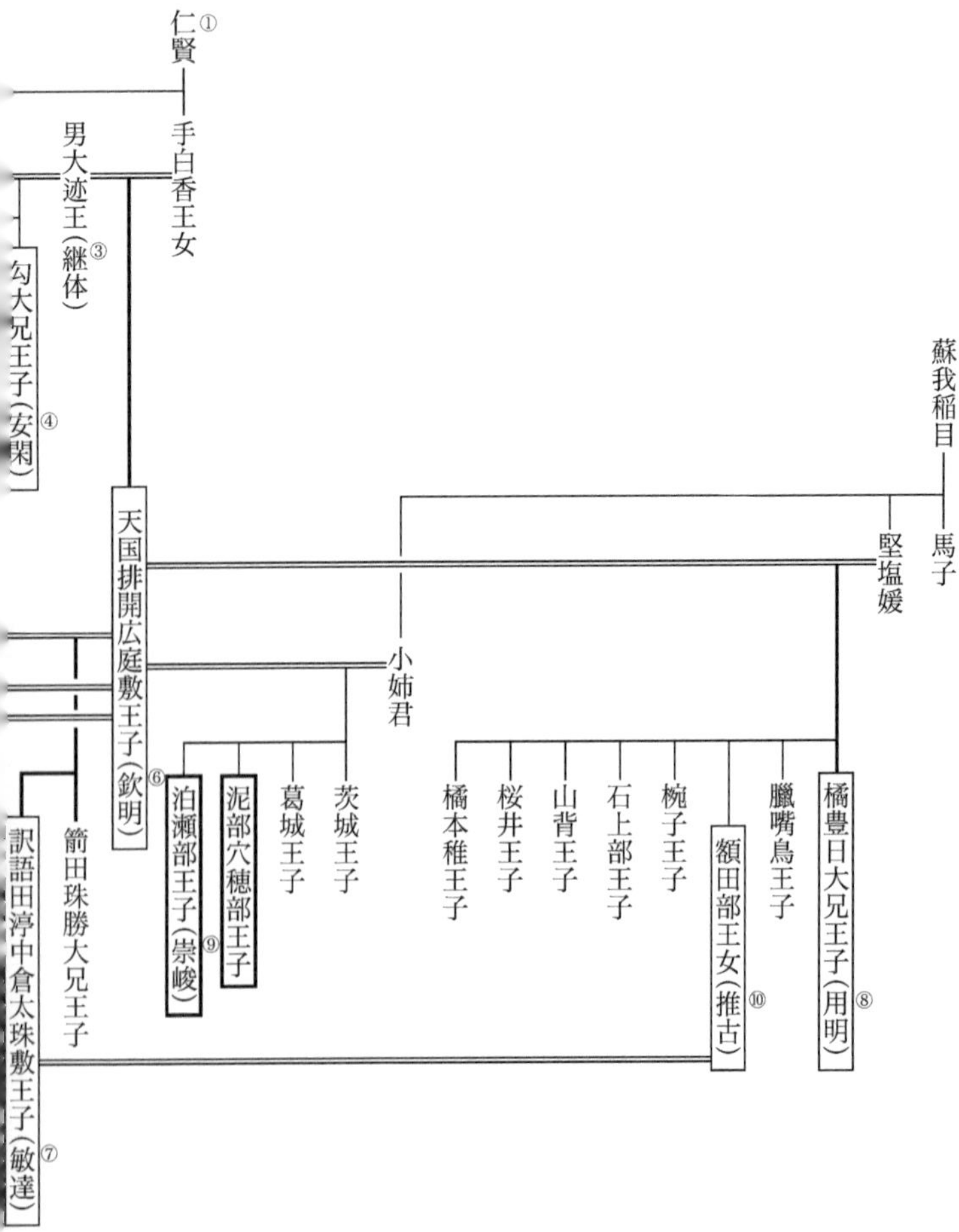


（数字は即位順、太線は嫡流、□は不慮の死を遂げた王子）

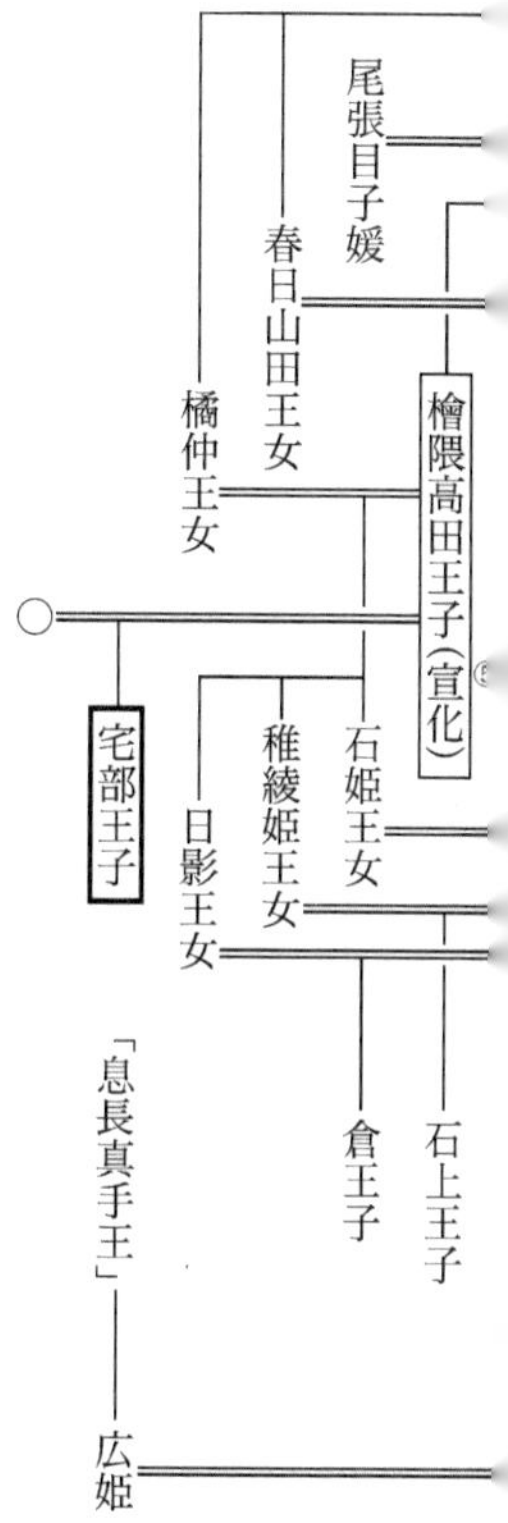


位が想定されていたことであろう。

しかし、継体は長命を保ち、二十五年（あるいは二十八年）の治世を続けた。その間に天国排開広庭王子は成人し、勾大兄王子や檜隈高田王子が即位する必要性はなくなった。ここに倭王権の嫡流としての天国排開広庭王子と、継体の一族の嫡流としての勾大兄王子〈安閑。その死後には檜隈高田王子〈宣化〉）とが併存してしまうことになり、対立の生じる原因が生まれたのである。

しかも、倭王権には継体の即位を認めない勢力も多かったため、継体は容易には大和に入らず、淀川水系に沿った宮を長い間転々としていたと伝えられている。『日本書紀』によると、継体は大和に入った五年後に死去しているが、『日本書紀』は、『百済本記』を引いた異説、すなわち、辛亥年（五三一？）に「日本の天皇及び太子・王子」が倶に死亡したという記事を伝えている。この「辛亥の変」の実態をめぐっては、使われた暦の問題を含めて、なおも慎重な考察が必要であろうが、手白香王女との間に生まれた天国排開広庭王子と、尾張の豪族の女との間に生まれていた勾大兄王子（安閑）や檜隈高田王子（宣化）との間に対立が存在したと推定する説は、今でも有力であろう（大橋信弥「継体・欽明朝の「内乱」」）。

また、継体陵は、それまでの慣例とは異なり、摂津に築造された。大阪府高槻市に六世紀前半に築かれた今城塚古墳（墳丘長一九〇メートル）が継体の真陵であると見られているが、後円部の墳丘に散布している家形石棺の屋根の部分の欠片には三種類の石材が使われており、今城塚古墳には三つの石棺が納められていたことになる。

一方、六世紀前半に築造途中で放棄された河内大塚山古墳（墳丘長三三五メートル）は、元々は安閑の墓として造営されたという推定が存在する（岸本直文「河内大塚山古墳の基礎的検討」）。今城塚古墳に産地の異なる三つの石棺が納められ、三人の人物が葬られていたことと併せ、両派の間に政治的対立が存在したことは、十分に考えられるところである。

### 欽明王権の成立

このような王権の動揺は、六世紀前半に、蘇我氏の勢力を背景にした天国排開広庭王子（欽明）の即位によって、ひとまず収束した。蘇我稲目は大臣（オホマヘツキミ）として王権の政治を統括する一方、分裂していた王権の収拾にあたり、欽明王権を支持することによって、権力を拡大した。女の堅塩媛と小姉君を欽明のキサキとし、橘豊日大兄王子（後の用明）・泊瀬部王子（後の崇峻）・額田部王女（豊御食炊屋姫尊とも。後の推古）をはじめとする多くの王子女の外戚となることによって、その権力を強めた。

奈良県橿原市の五条野（見瀬）丸山古墳が、欽明陵の可能性が高いとされている。丸山古墳は、墳丘長が三一八メートルと、六世紀後半頃のものとしては、圧倒的な規模を有している。横穴式石室の長さも二八メートルを超える日本最大のものである。

欽明王権の成立と共に、以後の大王に即位できるのは欽明の子孫に限定されるようになり、ここに血縁集団としての大王家が成立したことになる。

また、この頃までに、氏（ウヂ）という、支配者層に特有の政治組織と、姓（カバネ）という、政治的地位や職位に応じた族姓表象が成立し、倭王権を構成する支配者層が再編成された。

なお、この時期からは、『日本書紀』の記述にも、原史料の性格に留意さえすれば、一定の史実性も読み取れるようになった。原史料としては、特定の氏の氏族伝承（家記）、百済系の外交史料、特定の寺院（主に飛鳥寺系と法隆寺系）の縁起類、さらに後には朝廷の実務記録などが想定できるが、あくまでも『日本書紀』の各記事を原史料にたち返らせて、それを注意深く読み解いたうえでの作業となることは、言うまでもない。

## 六世紀の大王位継承

六世紀における大王位継承は、蘇我系王族と非蘇我系王族、そしてそれぞれの嫡流と非嫡流の争いを軸として、繰り広げられた。その際、有力豪族はそれぞれが支持する王族の擁立を期すことによって、自己の勢力拡大をはかった（倉本一宏『持統女帝と皇位継承』）。

欽明の嫡流は、宣化の女の石姫王女が産んだ非蘇我系の訳語田渟中倉太珠敷王子（後の敏達）であった。また、蘇我稲目の女の堅塩媛との間に生まれた橘豊日大兄王子（後の用明）が蘇我系（堅塩媛流）嫡流となった。その訳語田渟中倉太珠敷王子は、欽明と堅塩媛との間に生まれた額田部王女（後の推古）を、欽明三十二年（五七一？）にキサキとした。同族内の異母兄妹間婚姻であるが、非蘇我系王子であった訳語田渟中倉太珠敷王子にとって、蘇我系の王女との婚姻は、蘇我氏との融和を軸とする権力確立の一環であった。額田部王女は二男五女を産んだが、その中で竹田王子が蘇我系嫡流となる。

翌年、訳語田渟中倉太珠敷王子は大王位に即いたが（敏達）、敏達のキサキとしては、他に非蘇我系の三人がおり、その中の「息長真手王」（実際には近江の地方豪族か）の女とされる広姫が産んだ押坂彦人大兄王子が非蘇我系嫡流ということになった。

なお、記紀によると、欽明には他にも多くの王子が生まれていた。それらのうち、大王に即位した訳語田渟中倉太珠敷王子（後の敏達）、橘豊日大兄王子（後の用明）、泊瀬部王子（後の崇峻）を除いてその動静が知られるのは、欽明十三年（五五二？）に死去したことが見える非蘇我系嫡流の箭田珠勝大兄王子と、後に述べる泥部穴穂部王子（穴穂部王子）のみである。

宣化王女の稚綾姫王女から生まれた石上王子、同じく日影王女から生まれた倉王子、蘇我堅塩媛から生まれた臘嘴鳥王子・椀子王子・石上部王子・山背王子・桜井王子・橘本稚王子、蘇我小姉君から生まれた茨城王子・葛城王子など、他の王子はすべて、消息が知られず、欽明の后妃記事以外には、「他に見えず」という状況なのである。これらの王子を記録した原史料が存在しなかったことによるのかもしれないが、特に堅塩媛所生の王子などは有力な大王位継承候補者であるにもかかわらず、これはいささか不審なことである。

用明二年（五八七）に物部守屋を討滅するために糾合された諸王子の中には、欽明王子は泊瀬部王子しか含まれていない。あるいはそれまでに皆、早世してしまっていたのであろうか。

## 敏達死後の紛争

額田部王女が訳語田渟中倉太珠敷王子のキサキとなった年に欽明は死去し、翌年（五七二？）に訳語田渟中倉太珠敷王子は大王位に即いた（敏達）。

敏達十四年（五八五）に敏達が死去すると、広瀬（現奈良県北葛城郡広陵町）において殯宮が営まれ、九月に額田部王女の同母兄である橘豊日大兄王子が大王位に即いた（用明）。その頃、前大后額田部王女は敏達の殯宮に籠っていたが、用明元年（五八六）五月に、小姉君所生の穴穂部王子が、額田部王女を奸そうと敏達の殯宮に乱入しようとして、敏達の寵臣であった三輪逆に阻止されるという事件が起こった。穴穂部王子のこの行為は、単なる欲情によるものではなく、前大王の大后であった額田部王女を自らのキサキにすることによって、大王位継承者としての地歩を確立しようとしたものである。蘇我系内部における、堅塩媛系と小姉君系との間の対抗関係も窺える。

穴穂部王子は蘇我馬子と物部守屋に三輪逆の無礼を語り、討滅の許可を得た。このうち、穴穂部王子が頼みとしていたのは物部守屋の方であった。

『日本書紀』によると、穴穂部王子は「密かに天下の王となろうと謀り、口実をもうけて」守屋と共に軍兵を率いて、当時の大王宮であった磐余の池辺双槻宮（現奈良県橿原市から桜井市にかけての天香具山東麓）を囲んだ。逆はこれを察して三諸岳（三輪山）に隠れ、ついで額田部王女の后宮である海石榴市宮（現奈良県桜井市金屋）に隠れたとされる。

穴穂部王子は逆の居場所を知ると、守屋を遣わして逆を討滅させた。『日本書紀』の「或本」では、穴穂部王子と泊瀬部王子（後の崇峻）が共謀して守屋を遣わしたとある。小姉君系の野望を窺わせている。

馬子は穴穂部王子を諫めたが、穴穂部王子は聞く耳を持たなかった。この事件によって、額田部王女と馬子は、共に穴穂部王子を恨むようになったと『日本書紀』は語る。蘇我系王族内部における、堅塩媛系と小姉君系との対立という図式は、誰しも避けたい事態だったであろう。

## 用明の死と穴穂部王子の討滅

翌用明二年（五八七）四月に、用明は病に倒れた。その時、守屋と意を通じた中臣勝海も自分の家に軍衆を集め、押坂彦人大兄王子と竹田王子の像を作って呪詛したものの、結局は押坂彦人大兄王子を頼ったとされる。欽明王子の生き残りである穴穂部王子と、欽明直系である敏達王子の押坂彦人大兄王子や竹田王子との世代間抗争が、群臣層を巻き込んで熾烈なものとなっていたのである。なお、勝海は押坂彦人大兄王子の舎人によって暗殺されている。

そして、四月に用明が死去すると、守屋は穴穂部王子を擁立しようとした。「（守屋は）元々

藤ノ木古墳

他の王子たちを除いて、穴穂部王子を立てて大王にしようと思っていた。今になって、遊猟にことよせて、他の王子に替えて擁立しようと謀り、密かに人を穴穂部王子の許に使いさせ、一緒に淡路で狩猟をしたいと申しあげ、穴穂部王子を河内の自邸に招き寄せた」とある。しかし、この陰謀は漏れるところとなった。

これを知った馬子は、六月一日、

蘇我馬子宿禰らは、炊屋姫尊（額田部王女）を奉じ、佐伯連丹経手・土師連磐村・的臣真嚙に詔して、「おまえたちは兵備を整えて急行し、穴穂部王子と宅部王子とを誅殺せよ」といった。

とあるように、穴穂部王子の誅殺を命じた（『日本書紀』）。この軍事行動が、額田部王女の「詔」を奉じたものであったことは、堅塩媛所生の欽明王女であり、前大王の大后であった額田部王女の紛争調停に際しての権威が、著しく増大していたことを示している。

この日の夜半、佐伯丹経手たちは穴穂部王子の宮を囲み、衛士（えじ）がまず楼の上に登って、穴穂部王子の肩を斬った。穴穂部王子が楼の下に落ちて、傍らの家屋に逃げ込むと、衛士らは燭（しょく）をともして、穴穂部王子を誅殺したとある。「衛士」というのは宮廷護衛の兵士のことであるが、額田部王女の「詔」によって、動員されたことが窺える。

八日には、宅部王子を誅殺したとある。宅部王子は宣化の子であるというが、何故（なにゆえ）に一緒に殺されたのかは不明である。『日本書紀』は、「この王子は穴穂部王子と親しかった。それゆえ誅殺したのである」と注を付けているが、あるいは穴穂部王子の支持者だったのであろうか。

なお、穴穂部王子と宅部王子は、成人男子の遺骨二体が埋葬されていた斑鳩（いかるが）の藤（ふじ）ノ木（き）古墳に葬られた可能性が指摘されている（前園実知雄『斑鳩に眠る二人の貴公子 藤ノ木古墳』）。

### 丁未の乱（物部戦争）

七月、蘇我馬子は諸王子と群臣層を糾合し、物部守屋を討滅した。いわゆる丁未（ていび）の乱（物部戦争）である。この時に馬子麾下（きか）に参加した王子は、泊瀬部王子・竹田王子・厩戸（うまやと）王子・難波（なにわ）王子・春日（かすが）王子であった。泊瀬部王子のみが欽明の王子、他は一世代下の、敏達の王子（竹田王子・難波王子・春日王子）と、用明の王子（厩戸王子）である。

彼らは餌香（えが）の河原（現大阪府藤井寺市と柏原市の境あたり）と、守屋の本拠である阿都（あと）家（渋河の家、現大阪府八尾市）で激戦を繰り広げた末に守屋を倒した（倉本一宏『内戦の日本古代史』）。

この戦乱の後に定められた次の大王は、欽明王子のただ一人の生き残りである泊瀬部王子しか考えられなかったであろう。旧世代が存在する中で世代交代を行なうと、どの王統に降ろすかをめぐって、紛争が起こりやすい。とりあえずの応急措置として、額田部王女と大臣馬子、群臣層は、旧世代を即位させる「世代内継承」を行なったのである。

こうして彼らは大王崇峻を押し出したが、崇峻の下における権力中枢と外交方針では、隋の中国統一という激動の北東アジア国際情勢に適応できないことを、すぐに知らされることとなった。

## 4　大王推古と押坂彦人大兄王子・竹田王子・厩戸王子

### 欽明孫王世代の王子

敏達の大后的な地位に立った額田部王女は二男五女を産んでいる。出生順に、厩戸王子のキサキとなった菟道貝鮹王女、竹田王子、押坂彦人大兄王子のキサキとなった小墾田王女と桜井弓張王女、鸕鷀守王女、尾張王子、田村王（後の舒明）のキサキとなった田眼王女である。後の話ではあるが、四人の王女が有力王子と婚姻していることになる。

敏達のキサキとしては、蘇我系の額田部王女の他には、非蘇我系の三人（息長広姫・春日老女子・伊勢大鹿菟名子）がいた。広姫は王子一人（押坂彦人大兄王子）と王女二人、老女子は王

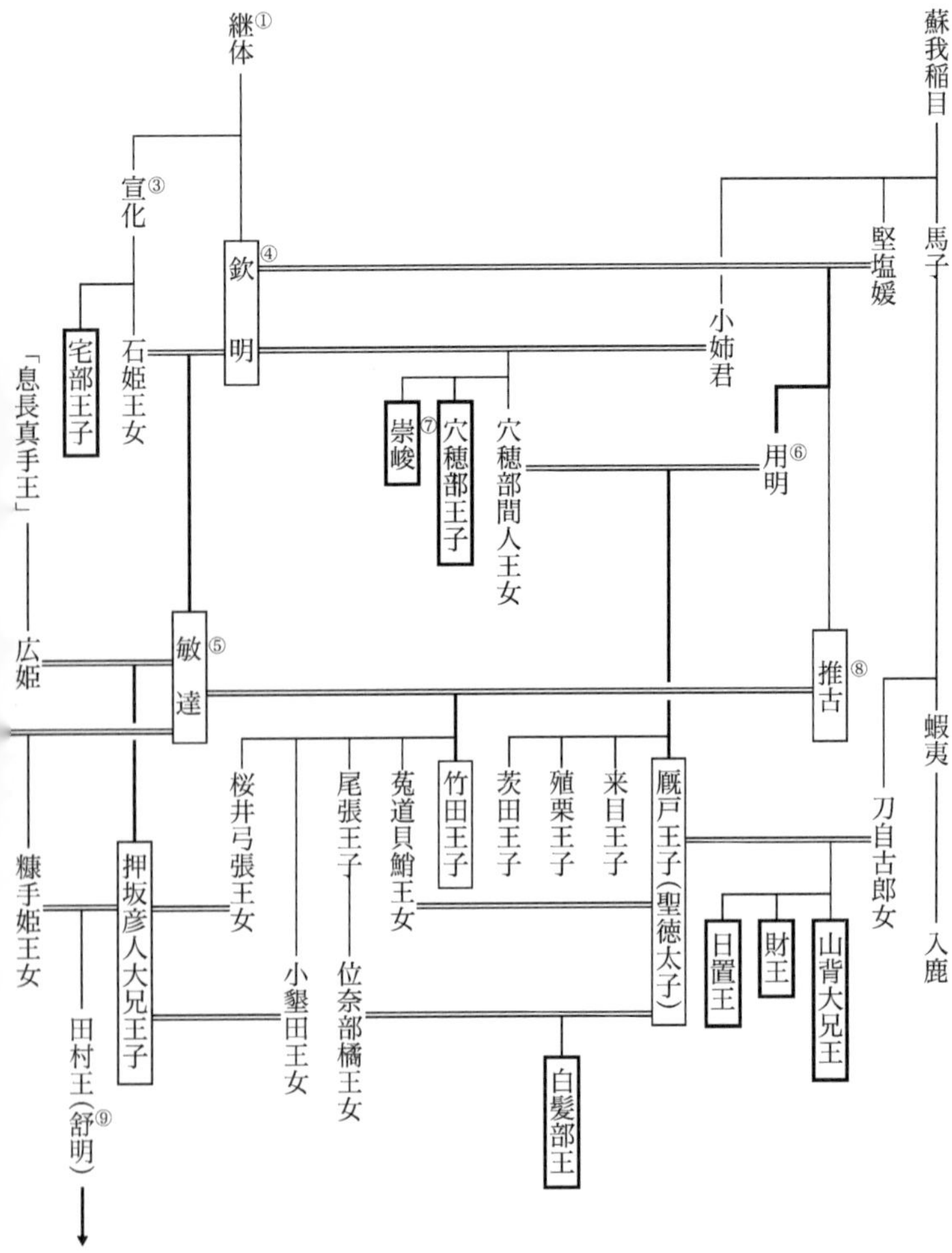

（数字は即位順、太線は嫡流、□は不慮の死を遂げた王子）

子三人と王女一人、菟名子は王女二人を、それぞれ産んでいる。これらのうち、広姫が産んだ押坂彦人大兄王子と、伊勢から貢上された采女である菟名子が産んだ糠手姫王女との間に生まれたのが、非蘇我系嫡流としての田村王ということになる。

非蘇我系嫡流であった敏達は、蘇我系・非蘇我系の両者と婚姻関係を結び、蘇我系嫡流の後継者（竹田王子）、非蘇我系嫡流の後継者（押坂彦人大兄王子）を、共に創出したことになる。

用明のキサキとしては、蘇我系が小姉君所生の穴穂部間人王女と、稲目の女の蘇我石寸名の二人、非蘇我系が葛城広子一人が挙げられる。穴穂部間人王女が産んだ四人の王子の中に、厩戸王子（後の聖徳太子）がいる。これは父母共に蘇我系の後継者を創出したということになるのである。

欽明二世王の世代には、即位した大王の王子だけでも、敏達と広姫との間に生まれた押坂彦人大兄王子、敏達と額田部王女との間に生まれた竹田王子・尾張王子、用明と穴穂部間人王女との間に生まれた厩戸王子・来目王子・殖栗王子・茨田王子など、多数の王子が存在していた。

他に敏達の王子として春日老女子の産んだ難波王子・春日王子・大派王子、用明の王子として葛城広子の産んだ麻呂子王子、崇峻の王子として大伴小手子の産んだ蜂子王子がいたが、これらは生母の出自に問題があり、大王位を継承するのは難しかったものと思われる。

## 最初の「女帝」

敏達（非蘇我系嫡流）―用明（蘇我系〈堅塩媛系〉嫡流）―崇峻（蘇我系〈小姉君系〉嫡流）と、

牧野古墳

欽明王子の世代の大王位継承が続いたものの、崇峻の異常な死によってこの世代の王子が底を突き、世代交代を迫られることとなった。ところが、崇峻が死亡した時点において、押坂彦人大兄王子・竹田王子・厩戸王子など次世代の有力大王位継承候補が複数存在し、蘇我馬子（うまこ）も群臣（マヘツキミ）層も、そのうちのどれを選べばいいかがわからない状態だったのであろう。各氏族が別々の王子を支持して政治抗争を始めるというのは、隋（ずい）の中国統一を承（う）けた当時の内外の政治情勢から考えると、どうしても回避したい事態だったはずである。

紛争を避けるための緊急避難的な措置として、それまで前大后として政治紛争の解決や調整に実力を見せてきた欽明王女の額田部王女を即位させるというのは、ぎりぎりの選択だったことであろう。こうして、最後の欽明王子女の世代内継承が行なわれ、はじめての「女帝（じょてい）」が出現

植山古墳と五条野（見瀬）丸山古墳

したのである（荒木敏夫「女帝と王位継承」）。もちろん、これまで示してきた大后としての執政能力や紛争調停の経験、それに三十九歳という年齢を考慮したものであろう。

このような経緯を経て、十二月、推古は大王位に即いた。当時は譲位の慣行も皇太子の制度もなく（荒木敏夫『日本古代の皇太子』）、欽明二世王の世代の後継者選定は、推古の死後まで持ち越されることとなった。

また、時期は確定できないが、推古の甥で、蘇我堅塩媛所生の用明を父に、蘇我小姉君所生の穴穂部間人王女を母に持つという蘇我系王族の厩戸王子が政権に参画した。厩戸王子が政権に参画したということは、その時点以前に竹田王子が死去していた可能性が高い。押坂彦人大兄王子もその時点では死去していたであろうことを考え併せると、欽明二世王世代の代表として、厩戸王子が次期大王位継承候補者として浮上していたのである。

なお、牧野古墳は、奈良県北葛城郡広陵町に六世紀末に築造された直径約五〇メートルの円墳である。巨石を積みあげた全長約一七メートルの横穴式石室に、凝灰岩製家形石棺が納められている。押坂彦人大兄王子の成相墓の可能性が高いと考えられている。

また、近年発掘された奈良県橿原市の植山古墳は、推古の陵であると推測されているが、遺詔によって竹田王子の墓に合葬されたものである。東西四〇メートル、南北三〇メートルの長方形墳で、石室が墳丘の中に二つある双室墳である。このうち、東側の石室が六世紀末くらいのもので、竹田王子を葬ったものと推定されている。この古墳は推古の父母である欽明と蘇我堅塩媛の陵墓と推定されている五条野（見瀬）丸山古墳を望む丘に築造されており、巨大な石室のある丸山古墳の後円部とこの植山古墳とは、東西に並んでいる。まさに蘇我氏の一員としての推古の立場をよく表わしているものと言えよう。

それはさておき、厩戸王子はいまだ二十歳前後であったと思われ、彼が即位するためには、推古につなぎ役として在位してもらっている間に政権担当の実績を積みながら、推古の死を待つしかなかったのである。

なお、『日本書紀』に見える「皇太子」という地位や、「摂政」という職位は後世の潤色であろうし、『隋書』東夷伝倭国条に見える「利（和）歌弥多弗利」という呼称も、一人に確定した大王位継承者を示すものとは考えられない。

## 推古の大王位継承構想の破綻

厩戸王子のキサキとしては、蘇我系の蘇我刀自古郎女・菟道貝鮹王女・位奈部橘王女の他に、非蘇我系の膳菩岐々美郎女がおり、こちらも王子五人・王女三人を残している。新たに蘇我系嫡流の地位に立った厩戸王子は、蘇我系・非蘇我系の両方と婚姻し、多くの王子女を残した。

そして、蘇我馬子が女の刀自古郎女を厩戸王子に配していることも考慮に入れるならば、推古・馬子の双方にとって、厩戸王子が次の時代の王統の祖に坐ることは、既定の方針であったと考えるべきであろう。推古にとってみれば、菟道貝鮹王女と厩戸王子との間に生まれる王子こそが、次代の王統の中心となると認識されていたはずである。

しかしながら、推古が有力王子三人に配した四人の王女は、ほとんど王子を残すことはなかった。『上宮聖徳法王帝説』によれば位奈部橘王女が白髪部王、桜井玄王が山代王と笠縫王を産んだことになっているが、それらが史実であるかどうかは疑わしい。これによって、蘇我系王族の女性が蘇我系嫡流の王子を残すことはなくなってしまったのである。

一方、蘇我刀自古郎女からは、山背大兄王、財王、日置王と三人の王が生まれ、こちらが厩戸王子の後継者としての勢力を有することとなってしまった。これが厩戸王子の政治的選択によるものかどうかは、知る由もない。

その間にも推古は長命を保ち、厩戸王子が即位する機会は遠のいてしまった。そして推古二十九年〈六二一。推古三十年〈六二二〉とする史料もある〉、厩戸王子は斑鳩宮（現奈良県生駒郡斑

越前塚（葉室塚）古墳

鳩町）に死去した。これで推古の大王位継承構想は、完全に破綻してしまった。欽明の王女であった自身が長い在位を重ねてしまっている間に、欽明二世王の世代も底を突いてしまったのである。

なお、厩戸王子が葬られた「磯長陵」は、古くから現大阪府南河内郡太子町太子の叡福寺境内の上城古墳（叡福寺北古墳、径五四メートルの円墳）とされ、多くの信仰を集めてきたが、これに疑問を呈す考えもあり（小野一之「聖徳太子墓の展開と叡福寺の成立」）、南の現太子町葉室にある越前塚（葉室塚）古墳（七五×五五メートルの長方墳）に比定する説もある。蘇我系の厩戸王子のものとしては、方墳の方が相応しいであろう。

推古の方も、次の大王位継承構想を打ち出せないでいるまま、推古三十六年（六二八）二月に病に倒れると、三月六日に非蘇我系嫡流の田村王と蘇我系嫡流の山背大兄王に対して、それぞれ「遺詔」を残し、翌七日、ついに死去した。時に七十五歳、三十六年間の在位であった（倉本一宏『持統女帝と皇位継承』）。

### 推古死去後の大王位継承

　ここで非蘇我系嫡流である押坂彦人大兄王子のキサキについて触れておくと、彼は蘇我系の小墾田王女と非蘇我系の糠手姫王女、系譜不明の大俣女王をキサキとしたが、そのうち、糠手姫王女が王子三人、大俣女王が宝女王（後の皇極）や軽王（後の孝徳）の父となる茅渟王を産んでいる。糠手姫王女が産んだ三人の王子のうちの一人が、非蘇我系嫡流を継承する田村王となるのであるが、両系と婚姻したものの、押坂彦人大兄王子が非蘇我系嫡流後継者しか残さなかったというのは、政治的な選択であった可能性も高い。

　そして大王位選定は、田村王と山背大兄王の間で争われることとなったのである。

# 第二章　律令制成立期の王子（皇子）

推古の死後、その「遺詔」をめぐって、新たに大臣（オオマヘツキミ）を継いだ蘇我蝦夷と群臣（マヘツキミ）層は大混乱を来すのであるが、推古の遺志が田村王（後の舒明）にあったのは明らかであった。田村王は、すでに宝女王（後の皇極）との間に葛城王（後の中大兄王子、天智）、蘇我法提郎媛との間に古人大兄王を儲けているという、非蘇我系と蘇我系のいずれに転んでも次の世代に王統を残せるという優位性を有していた。

蝦夷にとっても、群臣層にとっても、大王位継承における嫡流の選択という困難な課題を先送りできるといった安心感があったことであろう。

こうして即位した舒明は、王統の始祖としての立場を獲得することになるのである。

## 1　中大兄王子と古人大兄王子・有間王子

### 山背大兄王の討滅

舒明の死後に大王位に即いたのは、舒明の大后の地位にあった宝女王であった（皇極）。父は押坂彦人大兄王子の子である茅渟王、母は吉備女王という、非蘇我系王統の女性であった。

舒明の後、残された有力王族は、上宮王家の山背大兄王（蘇我系）と、舒明王子の古人大兄王子（蘇我系嫡流）・葛城王子（非蘇我系嫡流）であった。このように、有力候補が複数存在する中で、古人大兄王子や葛城王子に大王位を継承させるとなると、世代交代を伴うが、舒明と同世代の山背大兄王が残っている中での世代交代というのは、紛争を招きやすい。

しかも、古人大兄王子と葛城王子のいずれに継承させればよいのかが明白になっていないという情勢では、前大王の大后の即位というのは、ぎりぎりの選択だったということになる。なお、山背大兄王というのは、用明の二世王に過ぎず、すでに大王位から離れて久しい王統にあった。蘇我系王統の嫡流が前大王舒明の王子である古人大兄王子に移ってしまっていても、まったく不思議ではなかったのである。このような王族が、斑鳩という地に多数盤踞して、独自の政治力と巨大な経済力を擁しているというのは、支配者層全体にとっても、けっして望ましいことではない。

こうして皇極二年（六四三）に上宮王家は討滅されるのであるが、蘇我蝦夷の権力をしのいだとされる入鹿の単独行動であるかのように記している『日本書紀』とは異なり、『上宮聖徳太子伝補闕記』や『聖徳太子伝暦』では軽王（後の孝徳）の関与を語り、『藤氏家伝 上』では「諸王子」を糾合して斑鳩宮を襲ったと記されている。

すでに舒明王子の中での蘇我系王統と非蘇我系王統との大王位継承争いが目前に迫っていたであろうこの時期、旧嫡流蘇我系王統というのは、ほとんどの支配者層にとっては、「旧世代の遺物」と認識されていたのであろう。

## 乙巳の変

皇極四年（六四五）六月に起こった乙巳の変は、一般には葛城王子（中大兄王子）が蘇我蝦夷・入鹿といった蘇我氏本宗家を倒すことを目的としたものと考えられている。しかし、これ

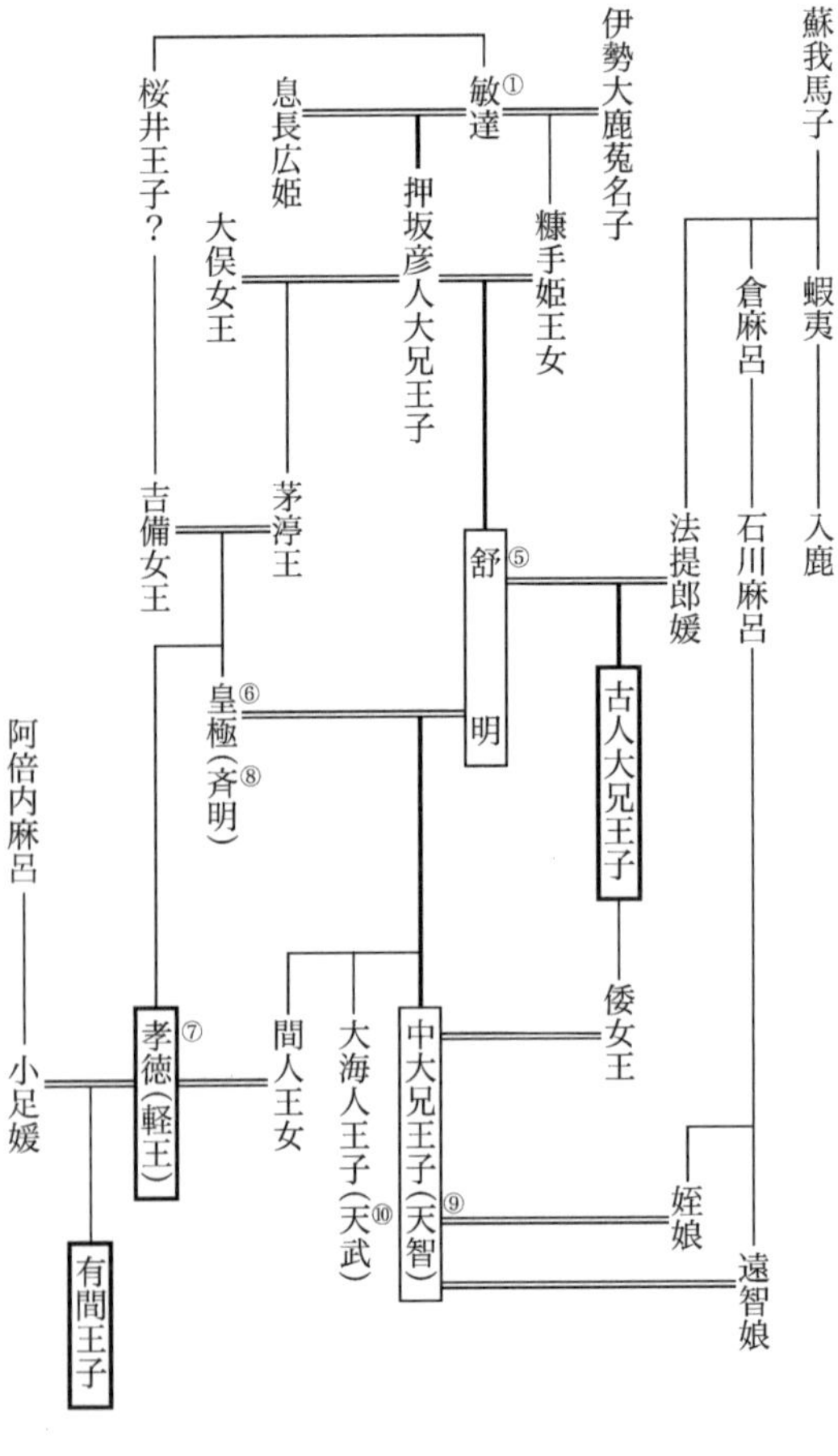


(数字は即位順、太線は嫡流、□は不慮の死を遂げた王子)

比曾寺跡

までの大王位継承の流れから考えてみると、葛城王子の本当の標的が蘇我系王統嫡流の古人大兄王子であったことは明らかである。

クーデターの現場からは辛くも逃げ帰った古人大兄王子であったが、蘇我氏本宗家が滅びてしまった以上、その命運は尽きていたと言わざるを得ない。

這々の体でクーデター現場という窮地を脱出し、「改新政府」発足にあたっては出家して吉野（現奈良県吉野郡大淀町の比曾寺〈世尊寺〉か）に入った古人大兄王子であったが、それを見逃しておく中大兄王子と中臣鎌足ではなかった。

大化元年（六四五）九月、蘇我田口川堀を筆頭とする数人の官人と共に、古人大兄王子が「謀反」を計画しているとの密告があった。中大兄王子は「兵若干」（「或本」では「兵四十人」）を吉野に遣わし、古人大兄王子を討滅した。

古人大兄王子の与同者とされた者のうち、川堀を除く全員が、その後も官人として活動していることが、この事件の本質を如実に語っている。問題は、古人大兄王子の死によって蘇我系王統が滅亡し、六世紀以来の大王位継承が、非蘇我系王統の全面勝利によって最終的に決着したということである。これ以降、大王位継承は非蘇我系王統に限定されることになった。

ここに至って、非蘇我系王統の優位が確定していく過程で、母も史実としては地方豪族(近江の息長氏)、キサキの母も地方豪族(伊勢の大鹿氏)と、本来はあまり有力な王族でもなかったであろう押坂彦人大兄王子が「皇祖」と位置付けられたのであろう(加藤謙吉氏のご教示による)。

### 孝徳の寂しい死

白雉四年(六五三)、中大兄王子は飛鳥に遷ることを孝徳に奏請し、孝徳がこれを拒否すると、皇極・間人王女・大海人王子らを連れ、孝徳を難波宮(現大阪市中央区法円坂)に残して飛鳥に移ってしまった。孝徳は譲位を思って、宮を山碕(現京都府乙訓郡大山崎町大山崎)に作ろうとしたと、『日本書紀』は語る。この山碕が、後の壬申の乱における大友王子の終焉の地であることは、偶然ではあるまい。

翌白雉五年(六五四)十月、孝徳は難波宮において寂しく死去した。非蘇我系王統庶流である孝徳の死は、大王位継承に大きな影響を及ぼすものではなかったが、次の大王位は、何故か非蘇我系王統嫡流の中大兄王子には受け継がれなかった。

庶流の孝徳が死去したのであるから、大王位は父母共に大王という嫡流の中大兄王子に戻るのが当然であろうし、そうでなければ前大王の大后で、非蘇我系王統嫡流に属した間人王女が即位するという選択肢もあったはずである（間人王女は、まだ若年ではあったが）。

それにもかかわらず、世代を遡らせて、翌年に皇極の重祚を行なった（斉明）というのは、中大兄王子の側に、よほど即位したくない理由が存在したのであろう。この年三十歳という年齢は、即位するのに若過ぎるということはない。やはり大王位に就かないまま、フリーハンドで北東アジア国際情勢に対処したかったのであろう。

### 有間王子の変

非蘇我系王統庶流である孝徳が死去したとはいっても、その王子である有間王子に大王位継承権が生じるはずもなかったのであるが、中大兄王子は有間王子の存在も見逃そうとはしなかった。これはやはり、中大兄王子（および鎌足）の、権力というものに対する資質と呼ぶべきものなのであろう。

有間王子の側が実際に軍事行動を準備していたとすれば話は別であるが、中大兄王子寄りの記述をしているはずの『日本書紀』でさえ、斉明四年（六五八）十一月に有間王子が蘇我赤兄にそそのかされたとしか描かれていない。斉明が紀温湯（武漏の温泉、現和歌山県西牟婁郡白浜町の湯崎温泉）行幸に出かけていた際、十一月三日、「留守官」蘇我赤兄が有間王子に斉明の失政三つを挙げて語った。王族のほとんどが飛鳥を留守にしているタイミングを狙って決起を促

藤白坂

したという文脈であろう。喜んだ有間王子は、「自分もいよいよ武器を取るべき年齢になった」などと語ってしまう。

五日、有間王子は赤兄の家に赴いて謀議を巡らせるが、その夜半、赤兄は有間王子の宅を囲ませ、九日には有間王子たちを紀温湯に送った。途中の岩代（現和歌山県日高郡みなべ町西岩代）では、

岩代の 浜松が枝を 引き結び ま幸くあらば
また帰り見む
（岩代の浜松の枝を引き結んで、幸い無事でいられたらまた立ち帰って見ることもあろう）

という和歌を詠み（『万葉集』巻第二―一四一）、紀温湯で中大兄王子の訊問を受けた有間王子は、「天と赤兄とが知っておりましょう。私にはまったくわかりません」と答えたものの、十一

日、藤白坂（現和歌山県海南市藤白）において絞殺された。
これによって、中大兄王子に対抗できる王族はいなくなり、王統はまったく限定されてしまった。中大兄王子が同母弟の大海人王子の存在を意識し始めるのは、まだまだ先のことであったはずである（倉本一宏『持統女帝と皇位継承』）。

## 2　大王天智と建王・大友王子・川島王子・施基王子

### 中大兄王子のキサキと王子

中大兄王子のキサキとしては、まず蘇我系が、大后倭女王をはじめ、蘇我遠智娘・蘇我姪娘・蘇我常陸娘の四人が挙げられる。このうち、遠智娘から大田王女・鸕野王女（後の持統天皇）・建王子の三人、姪娘から御名部王女・阿陪王女（後の元明天皇）の二人、常陸娘から山辺王女が生まれている。

そして非蘇我系が、阿倍橘娘・忍海色夫古娘・栗隈黒媛娘・越道伊羅都売・伊賀采女宅子娘の五人であり、阿倍橘娘から飛鳥王女と新田部王女、忍海色夫古娘から川島王子と大江王女・泉王女、栗隈黒媛娘から水主王女、越道伊羅都売から施基王子、伊賀采女宅子娘から大友王子が、それぞれ生まれている。この五人の中では、阿倍橘娘のみが正式なキサキであり、他は伴造氏族の女の宮人か、地方豪族の女の采女の中で、王子女を産んだ者のみが記録されているに過ぎないのであろう。なお、『続日本紀』では、施基王子を「第七皇子」とし

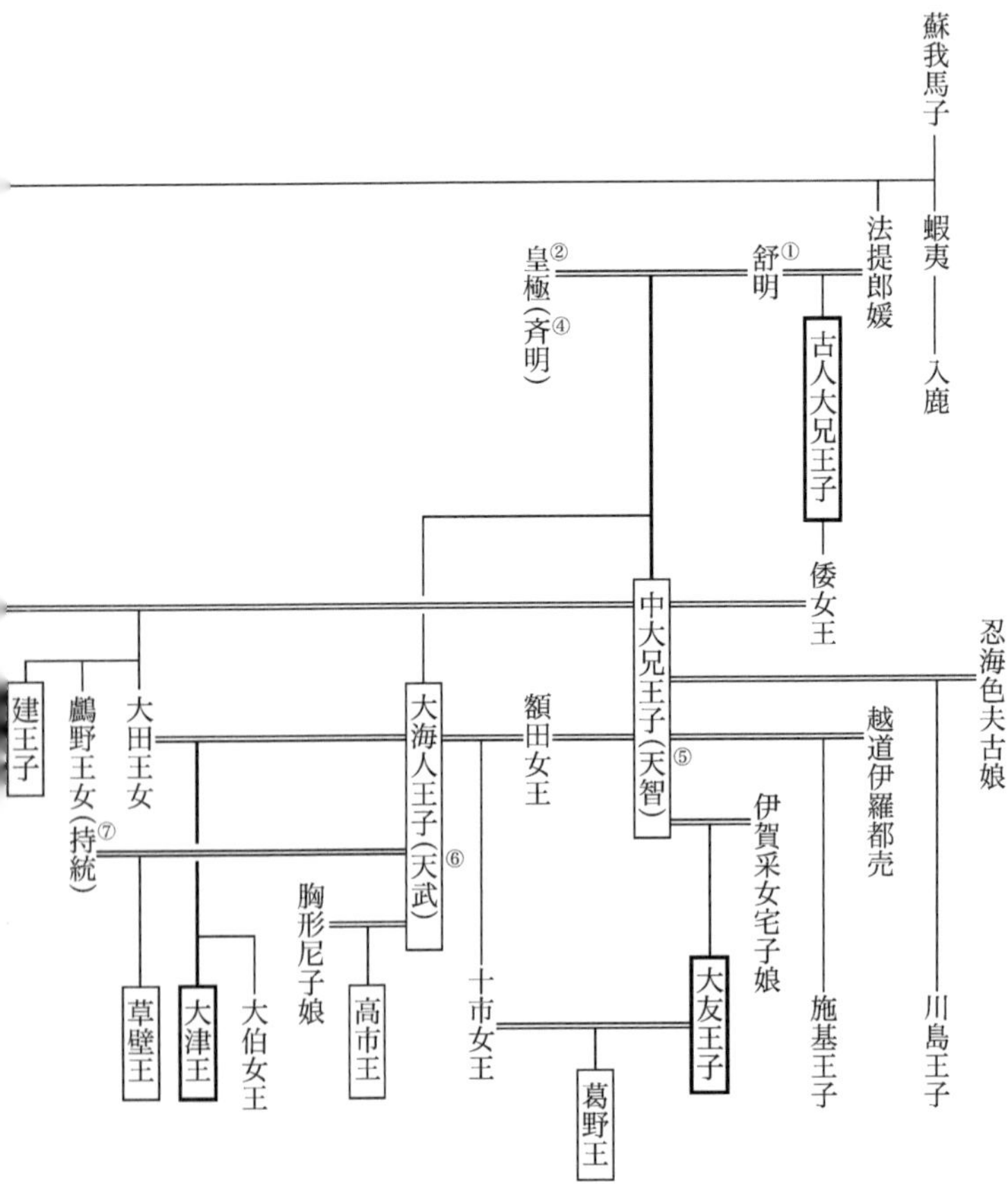


（数字は即位順、太線は嫡流、□は不慮の死を遂げた王子）

ており、天智には名前の残っていない王子が存在した可能性もあるが、いずれにしても高い地位のキサキから生まれた者ではないであろう。

不思議なことに、中大兄王子という人は、大后である女王からは王子女は生まれず（これはしばしば起ることである）、大臣クラスの有力豪族の女からは王女しか生まれず、地方豪族の女の采女や伴造氏族の女の宮人からは、何人もの王子が生まれているのである。これは単なる偶然なのか、それとも中大兄王子の嗜好と行動様式によるものなのか、随分と前から気になっているのだが、いまだに解決できていない。

中大兄王子としては、蘇我系キサキによる新王統創出を計画していたはずであるが、結局、蘇我系キサキからは、健康に問題があり早世してしまった建王子を除けば、王女しか生まれず、非蘇我系キサキからも、正式なキサキからは王女しか生まれることはなかった。三人生まれた王子も、生母の地位に問題があって大王位を継承することはできず、後継者を残すことはできなかったのである。

自己の嫡流王統を創出することができなかった中大兄王子の大王位継承構想については、後に述べることになるが、中大兄王子のこの挫折は、やがて壬申の乱へと続く道を敷くこととなる。

しかし考えてみれば、たとえば長男である大友王子の生年は大化四年（六四八）であるが、当時はただの前大王の子に過ぎなかった中大兄王子は、どうして大王（当時は孝徳）しか接することができないはずの采女から何人もの子を儲けることができたのであろうか。実質的に中大兄王子の正妃的存在であった蘇我遠智娘から大化元年（六四五）に生まれた鸕野王女が、母の悲劇的な死の後にも、父である中大兄王子が次々と采女と通じていたことに対して、そしてその采女が産んだ「弟」である大友王子に対して、どのような感情を抱いていたかは、壬申の乱への伏線として、鸕野王女の心の中にずっとわだかまっていたとも考えられる。

## 建王について

中大兄王子（天智）の王子の中で、無事に成長していれば大王位に近かったのが、蘇我遠智娘から生まれた建王である。白雉二年（六五一）の生まれであるが、「口がきけず話すことができなかった」とあるように、生まれつき障害を持っていた。

しかも、数えで八歳になった斉明四年（六五八）に、死去してしまったのである。今城谷（現奈良県高市郡高取町）の上に殯を起こし、そこに納められた。

斉明は深く悲しみ、将来的に自らの陵への合葬を命じた。『日本書紀』には、斉明が詠んだ和歌三首が載っている。その年の十月に紀温湯に行幸した際にも、建王を追憶して詠んだ和歌三首を載せている。

なお、建王の墓としては、宮内庁により高取町大字車木の車木ケンノウ古墳（直径約四五メートルの円墳）が斉明陵との合葬墓に治定されている。殯塚としても、現奈良県吉野郡大淀町今木の保久良古墳（直径約一五メートルの円墳）がそれであると地元で伝えられている。

しかし、斉明陵としては、高市郡明日香村大字越にある対辺長約二二メートルの八角墳であ

牽牛子塚古墳

る牽牛子塚古墳が適当であろう。この古墳の横口式石槨は間仕切りで二室に分けられており、斉明と天智四年（六六五）に死去した間人王女の合葬墓と考えられている。また、近年、牽牛子塚古墳の墳丘の麓で発見された巨石を刳り貫いて造った石槨が越塚御門古墳と命名され、これが大田王女の墓と考えられるようになった。

とすれば、建王もこれらのうちのどこか、おそらくは牽牛子塚古墳の石槨内の墓室のどちらか（斉明の方）に葬られていたのであろう。

## 大友王子と壬申の乱

この件についてはすでに論じ尽くしたのであるが（倉本一宏『壬申の乱』、倉本一宏『内戦の日本古代史』）、天智が大海人王子に大王位を譲ろうとしていたのは確実である。大友王子は天智の長子で、個人的な能力に優れていたとされるが、地方豪族の女である伊賀采女宅子娘という卑母を持つ大友王子に大王位に即く資格があるなどとは、たとえ中継ぎの大王としてであっても、さすがの天智も考えてはいなかったはずである。

その当時までに大王位に即いた者の生母は、王族が優先され、それを除くと和珥集団や葛城集団・蘇我氏といった臣姓の有力中央豪族に限られていた（本人が地方出身の継体や、その子で即位の事実自体が怪しい安閑・宣化などは例外）。だいたい大友王子は壬申年当時で二十五歳であり、当時の慣例として、即位するにはまだ若過ぎた。

たとえ天智が大友王子を後継者に指名したり、大友王子自身が即位を主張したとしても、当時は大王の死後に群臣会議において推戴を受けなければ即位できなかったのであるから、それも無理であろうと天智は考えていたはずである。

天智の大王位継承構想としては、まず大海人王子を中継ぎとして即位させ、その次に世代交代を行なう際に、たとえば大友王子と十市女王（大海人王子と額田女王との間の女）との間に生まれた葛野王を即位させて、それを大友王子に後見させようとしたのではないだろうか。

また、大海人王子が自分の後継者として自己の王子を大王位に即けたとしても、それはかつて大海人王子の正妃であった大田王女が残した大津王になると見ていたはずである。万が一、大海人王子や鸕野王女が、鸕野王女の産んだ草壁王を選択したり、もう一代中継ぎとして鸕野王女が即位したりしたとしても、これも自分の王女と孫王が続けて即位することになる。

すなわち、天智、大海人王子の次を考えると、選択肢は葛野王、あるいは大津王・草壁王、それに鸕野王女の四通りしか考えられない情勢にあった。いずれにしても天智は自己の血は受

天王山

け継がれると考えていたはずであり、天智にとっても大海人王子にとっても悪い選択肢ではなかったのである。

壬申の乱の原因を大王位継承から考えると、葛野王や大津王であっては困るのは、鸕野王女ただ一人であったということになる。大海人王子を中継ぎとして、確実に草壁王へと継承させたいという鸕野王女の思惑を推察すると、まず何としても大友王子を倒して葛野王を排除する必要性を感じていたであろう。そしてその次に、大海人王子の子の中での草壁王の優位性を確立する必要があった。地方豪族から生まれた長子の高市（たけち）王は、大王位継承に関してはまず問題ないとして、草壁王即位の障碍（しょうがい）となるのは、大津王であったはずである。

鸕野王女にとって、大友王子を倒し、同時に草壁王の優位性を確立し、さらには大津王を危険にさらすための手段として選ばれたのが、武力によって大友王子の政権を壊滅させること、そしてその戦乱に自身と草壁王をできるだけ安全に参加させるということであった。

大海人王子としても、自分の後に、大友王子に後見された葛野王が即位するよりも、大津王や草壁王に継承させた方が望ましいわけであり、この戦争計画に一も二もなく荷担したのであろう（対外的要因については、ここでは省略する）。

このようにして、天智の大王位継承構想は完全に破綻し、壬申の乱が起こり、大友王子は山前（現京都府乙訓郡大山崎町大山崎、天王山の南東山麓あたり）に隠れて自経した。

## 川島皇子の苦悩

天武八年（六七九）五月の「吉野の誓盟」には、成人していた天武皇子の四人（草壁皇子・大津皇子・高市皇子・忍壁皇子）に加えて、天智皇子の二人（川島皇子・施基皇子）も参加した。この誓盟が皇位継承に関わるとするならば、川島皇子と施基皇子も、一見すると皇位継承資格者に認知されたかの観もあるのだが、しかし一方で、この誓盟が、卑母拝礼の禁止を命じた直後に行なわれたことを重視するならば、卑母から生まれた高市皇子・忍壁皇子・川島皇子・施基皇子の四人を、まず皇位継承から除外するという意味も持っていたことになる。この時点では、すでに草壁皇子と大津皇子の二人だけが、天武の後継者となる資格を有するということが、暗黙の了解となっていたのであろう。

そして天武十年（六八一）二月の律令撰定を命じた詔が出た同日に、草壁皇子が天武の後継者と定まった。直後の三月、「帝紀及び上古の諸事」の記定、いわゆる国史の編纂が命じられたが、そのメンバーの筆頭に挙げられたのは、川島皇子であった。

天武十四年（六八五）正月には浄御原令冠位制が施行され、川島皇子は浄大参に叙された。これは草壁皇子・大津皇子・高市皇子に次ぐ高位であった。朱鳥元年（六八六）八月には封戸百戸を加えられているが、これも草壁皇子・大津皇子・高市皇子に次ぐものであった。

朱鳥元年九月九日に天武が死去し、九月二十四日に天武殯宮において発哀が行なわれたが、「この時、大津皇子が皇太子に謀反を企てた」と見える。しかし、それが発覚したのは、十日近くを経た十月二日であった。

そして、『懐風藻』河島皇子伝によれば、それは「始め大津皇子と、莫逆の契」を結んでいた川島皇子の密告によるものであった。「津（大津）が逆を謀るに及んで、島（川島）は則ち変を告げた」とある。九月二十四日における大津皇子の不敬な発言を、鸕野皇后に報告したのであろう。「朝廷はその忠正を嘉したものの、朋友はその才情を薄しとしたという」とあるが、壬申の乱の後の世を、天智の皇子として生き続けなければならなかった川島皇子の政治的立場の脆弱さと苦悩が、ここに表われている。

大津皇子、および与党の官人三十余人は、ただちに逮捕され、翌三日、大津皇子は死を賜わった。しかし、二十九日に、沙門・帳内各一人を除き、連坐者が赦免されたということが、「大津皇子の変」が誣告による実体のない「謀反」であったことを、鸕野皇后の側も認めざるを得なかったことを示している。

持統四年（六九〇）に、持統天皇は紀伊行幸を行なった。その際、「有間王子の結松」において、川島皇子は、

白波の　浜松が枝の　手向くさ　幾代までにか　年の経ぬらむ

（白波のうち寄せる、浜辺の松の枝に掛けられた手向の幣は、幾代くらいまで年が経ったのだろう）

と詠い（『万葉集』巻第一―三四）、無実の「謀反」で、父である天智に滅ぼされた有間王子を偲んでいる。その時、大津皇子のことが、脳裡に浮かんだであろうか。

翌持統五年（六九一）正月にも封戸を加えられ、合わせて五百戸になったが、川島皇子が死去したのは、その年の九月のことであった。『懐風藻』には三十五歳とある。『万葉集』左注によれば、越智野（現奈良県高市郡高取町）に葬られたという。

### 施基皇子の僥倖

『続日本紀』では第七皇子ということになっている施基皇子は、天武八年の「吉野の誓盟」に川島皇子と共に参加しているが、その後の動静は、持統三年（六八九）まで見えない。

その年、撰善言司に任じられたのである。そこでは施基皇子だけが王族であり、いわば総裁的な立場に任じられたということになる。撰善言司というのは、宋の『古今善言』を模範とし

白毫寺

て、『善言』という題名の書物を撰進するために設置された官司である。日本の善言を含む説話を集成して、皇族や貴族の子弟の修養に役立てようとしたものとされている。総裁的立場とはいえ、施基皇子にはそれなりの素養があったと見做すべきであろう。『万葉集』には六首の歌が載せられている。

その後、和銅元年（七〇八）に三品、霊亀元年（七一五）に二品に叙され、翌霊亀二年（七一六）八月に死去した。また、施基皇子が死去した時の『笠金村歌集』所載の挽歌が『万葉集』に収められている。

なお、現奈良市白毫寺町にある白毫寺は、施基皇子の離宮を寺としたと伝えられている。

と、ここまでなら平凡な教養ある皇族として一生を終えたかのような施基皇子であったが（本人もそのつもりだったであろう）、何と施基皇子と紀橡姫との間に生まれた第六王子の白壁王

田原西陵

が、酒をもっぱらにして能を隠し、「奈良朝の政変劇」を無事に切り抜けて、宝亀元年（七七〇）に光仁天皇として即位したのである。聖武皇女の井上内親王を妃とし、他戸王を儲けていたことによる、「中継ぎの男帝」であった（倉本一宏『奈良朝の政変劇』）。

光仁の即位に伴い、施基皇子も宝亀元年に春日宮天皇と追尊され、また山陵の地によって田原天皇とも称された。文武天皇父の草壁皇子（岡宮御宇天皇）、淳仁天皇父の舎人親王（崇道尽敬皇帝）にならったものである。光仁天皇田原東陵と並んで造営されたその墓（現奈良市矢田原町）も、山陵と改められ、田原西陵とされた。むろん、施基皇子には知る由もないことである。

## 3　天武天皇と草壁皇子・大津皇子・高市皇子・忍壁皇子・磯城皇子・穂積皇子・舎人皇子・長皇子・弓削皇子・新田部皇子

### 天武天皇の後継者問題

先にも述べたように、はじめて「天皇」を称した天武（大海人王子）の後継者は、草壁皇子・大津皇子の二人に限られていた。しかしながら、この二人が共に早世してしまったために、その後は複雑な政治状況が現われてきたのである。まずは天武の後継者選定に遡って考えてみることとしよう（倉本一宏『持統女帝と皇位継承』）。

壬申の乱の結果、大友王子と十市女王との間に生まれた葛野王への継承の可能性が消えた。しかし、鸕野皇女の当初の思惑とは異なり、大津王は無事に大津宮を脱出し、大海人王子・鸕野王女・草壁王・高市王・忍壁王と共に飛鳥に凱旋してしまった。

そして、天武朝が卑母を持つ大友王子の正統性を否定することによって成立した以上、筑紫の豪族である胸形氏を母に持つ高市皇子が皇位継承権を有していなかったことは、明らかであった。もちろん、川島皇子や施基皇子など、大友王子の弟である天智皇子も同様である。

本来、大海人王子の正妃は大田王女であった。もし彼女が天武即位の時点で存命していたならば、たとえ草壁皇子の方が年長でも、大津皇子が天武の嫡子と認識された可能性が高い。しかし、大田王女の早世によって、鸕野皇女が大海人王子の正妃（後に皇后）の地位に立った。その結果、鸕野皇女所生で大津皇子より年長の草壁皇子が、天武の嫡子と認定されたのである。

また、大田皇女の産んだ第一子は、大伯皇女であった。これがもしも皇子であったならば、たとえ大田皇女が早世したとしても、その第一皇子が天武の嫡子と認定された可能性もある。

### 天武天皇の皇子たち

天武のキサキとしては、蘇我系王族が大田皇女・鸕野皇后の二人、蘇我氏が蘇我太蕤娘一人である。これらから、皇子三人（草壁皇子・大津皇子・穂積皇子）が生まれている。

非蘇我系のキサキは、天智の皇女が新田部皇女（母は阿倍橘娘）と大江皇女（母は忍海色夫古娘）の二人、王族が額田女王（父は鏡王）である。新田部皇女が舎人皇子、大江皇女が長皇子・弓削皇子、そして額田女王が十市皇女を産んでいる。

その他、中臣鎌足の女二人、氷上娘と五百重娘をキサキとしていて、五百重娘が新田部皇子を産んでいる。また、地方豪族や伴造氏族の女として、胸形徳善の女の尼子娘と宍人大麻呂の女の櫢媛娘が記録されている。尼子娘が高市皇子、櫢媛娘が忍壁皇子・磯城皇子を、それぞれ産んでいる。

これらの皇子の出生順は、1高市皇子・2草壁皇子・3大津皇子・4忍壁皇子・5磯城皇子・6穂積皇子・7舎人皇子・8長皇子・9弓削皇子・10新田部皇子というものであったと思われるが、生母の地位を勘案した序列は、また別個のものであり、これが天武後継者になる可能性の順位であった。『続日本紀』に見える順位を考慮した上で、生母の序列を勘案した皇子の序列は、1草壁皇子・2大津皇子・3舎人皇子・4長皇子・5弓削皇子・6穂積皇子・7新田部皇子・8高市皇子・9忍壁皇子・10磯城皇子というものであったと推測される。

これらのうちで、天武朝末年の段階ですでに成人していたのは、高市皇子・草壁皇子・大津皇子・忍壁皇子・磯城皇子の五人、生母の地位から即位する可能性のあったのは、草壁皇子・大津皇子・舎人皇子・長皇子・弓削皇子・穂積皇子・新田部皇子の七人であった。

## 草壁と大津

この二つの条件を共に満たす皇子となると、やはり天武の後継者たり得るのは、蘇我系皇女所生で、すでに成人していた草壁皇子と大津皇子の二人に限られる。非蘇我系皇統（こうとう）の新嫡流（ちゃくりゅう）という立場となった天武は、蘇我系皇女との婚姻による新皇統を創出したことになる。

このようにして、天武の後継者として第二代天皇の候補となった草壁皇子と大津皇子であったが、やはり生母の鸕野皇女が皇后として存命している草壁皇子の方が優位であったことは、言うまでもない。

一方、大津皇子の方も、天武の後継者に相応（ふさわ）しい個性であると支配者層の一定の支持を集めていたようである。『日本書紀（にほんしょき）』持統（じとう）天皇称制前紀（しょうせいぜんき）には、

> 容姿はたくましく、言葉は晴れやかで、天智天皇に愛された。成人後は分別よく学才に優れ、特に文筆を愛した。詩賦（しふ）が盛んになるのは、この大津からである。

と、『懐風藻』大津皇子伝には、

> 身体容貌が大きくてたくましく、度量が高く奥深い。少年の頃から学問を好み、博覧にしてよく文章を書く。壮年になってからは武を好み、力が強くてよく剣を使う。性質はかなり放逸であって、規則に拘束されない。高貴の身をへりくだって、人士を厚く礼遇する。これによって人は多く付き従う。

という伝記が見える。

特に、鸕野皇后に対して反感を持っていた人々や、国母としての強大な権力を手に入れることを恐れていた人々、あるいは天智・天武のような、カリスマ的な個性による支配を望んでいた人々からは、若き日の天智や天武の面影を髣髴させたであろう大津皇子に対する期待が高まっていたであろうことは、想像に難くない。

一般的には、天武は大津皇子を後継者にと望んでいたものの、草壁皇子を擁する鸕野皇后のごり押しによって、それを断念し、草壁皇子を後継者に指名したと考えられているが、天武が自分に似ていた大津皇子を後継者に相応しいと考えていたと短絡的に考えるのは、いかがなものであろうか。来たるべき律令体制国家という新しい時代の天皇に相応しいのが、大津皇子ではなく、むしろ草壁皇子の方であろうということは、他ならぬ天武なればこそ、自覚していたのではあるまいか。

（数字は即位順、太線は嫡流、□は不慮の死を遂げた皇子）

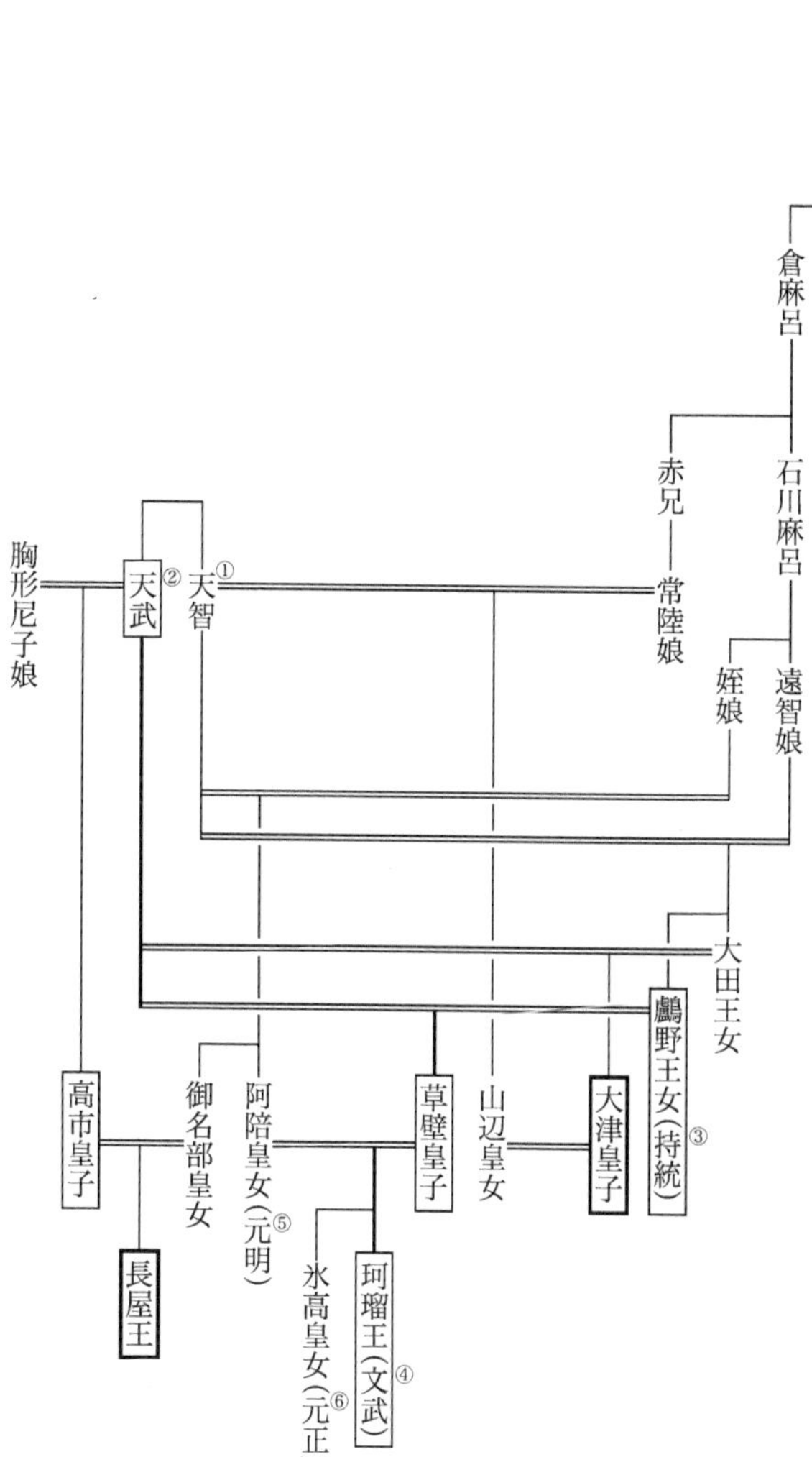

大津皇子のような中国的な専制君主型の君主は、体制の永続化を保証するわけではなく、むしろ中国風の易姓革命を将来に起こさせる危険性と隣り合わせであった。一方、草壁皇子のような機関型・象徴型・超越型の君主は、むしろ皇統の永続化を期待することができた。

天武朝という時代、唐との戦争状態が継続していれば、戦争指導者として相応しい大津皇子への継承もあり得たであろうが、天武朝後半には、すでに朝鮮半島からの唐軍の撤退が明らかとなり、北東アジア世界における一定の政治的安定が実感されていた。

こういった新しい時代の君主に相応しいのが草壁皇子であろうということは、天武にとっても鸕野皇后にとっても、自覚されていたのではないだろうか。そもそも、草壁皇子が凡庸で人望もなく、病弱であったという一般的な認識（直木孝次郎『持統天皇』など）も、一方の大津皇子の伝記的な記事との相対的な想像に過ぎないのである。当時の医療水準から見て、若年で死去することは珍しいことではないし、大津皇子の伝記についても、文学に特有の「敗れし者」への共感が多分に色濃く反映していると見なければならないであろう。

### 吉野の誓盟

天武八年（六七九）五月、天武、鸕野皇后、成人していた天武皇子の四人（草壁皇子・大津皇子・高市皇子・忍壁皇子）、天智皇子の二人（川島皇子・施基皇子）は、吉野宮に赴き、誓盟を行なった。この「吉野の誓盟」の時点で、すでに草壁皇子と大津皇子の二人だけが、天武の後継者となる資格を有するということが、鮮明になったのであろう。また、天武は各皇子を「一母同産」のごとく慈しもうと語っているが、「一母」とは明らかに鸕野皇后のことを指している。ここに天武のキサキの中での鸕野皇后の主導権が確立したと言えよう。

この年十八歳になっていた草壁皇子が、六皇子の筆頭として進み出て、天武の勅に従うことを誓盟し、次いで大津皇子以下の五皇子が誓盟したというのも、天武や鸕野皇后の発意によるものであろう。ここに草壁皇子―大津皇子という天武の皇子間の序列が示されたのである。

天武十年（六八一）二月の律令撰定を命じた詔が出た同日に、草壁皇子が天武の後継者と定められたことは、律令制に包摂された第二代「天皇」として期待された草壁皇子の役割を、象徴的に表わすものである。

## 天武の死と「大津皇子の変」

朱鳥（しゅちょう）元年（六八六）七月、天武は病に倒れ、「天下のことは、大小となく、みな皇后と皇太子とに申すように」という「遺詔（いしょう）」を残した。大津皇子の朝政参与を止め、草壁皇子に天皇大権の代行を命じたのである。これによって天武後継者が明確となったわけであるが、ただしそれは、鸕野皇后との共同統治によるものであった。

二十五歳の草壁皇子には、いまだ皇位に即（つ）けない事情が存在したのであろう。それは草壁皇子の健康状態か、能力か、大津皇子の存在か、それともそれまでの大王（おおきみ）即位の適齢が三十歳とされていたことと関連があるのであろうか。

九月九日に天武が死去すると、事態は急変した。草壁皇子の即位を強行できなかった鸕野皇后は、草壁皇子が三十歳に達するまでの暫定措置として、自身の称制（皇位に即かずに政事を聴くこと）を選択したのである。鸕野皇后自身が即位してしまうと、譲位の制度がなかった当時、下手に長生きして草壁皇子が先に死去してしまうという、かつての推古と竹田王子・厩戸王子の轍を踏むことを避けたのであろう。

しかし、草壁皇子の健康状態に不安を覚えた鸕野皇后は、大津皇子を一挙に葬ってしまった。いわゆる「大津皇子の変」である。九月二十四日、天武殯宮において発哀が行なわれた。「この時、大津皇子が皇太子に謀反を企てた」と見えるが、大津皇子が実際に鸕野皇后、もしくは草壁皇子を害そうとして軍事的な陰謀を計画していたとは考えられない。

九月二十四日に起こったであろうことというと、鸕野皇后が草壁皇子主導の殯宮儀礼を執行することを発表し（それは草壁皇子を後継者に決定したことの披露でもある）、それに対して大津皇子が人前、おそらくは私的な宴席か何かにおいて不満を述べた、という程度のことであろう。天武の「遺詔」の信憑性に対する疑念もあったかもしれない。十月二日に「（大津皇子に）欺かれた」官人・大舎人・沙門・帳内として逮捕された者が三十余人に上ったことから考えると、大津皇子が不満を述べた場に、かなりの数の官人が同席していたのであろう。

ただし、九月二十四日の時点では、これが発覚することはなかった。大津皇子の言葉を聞いていた官人に、大津皇子の同調者（同情者）が多かったことにもよるのであろうが、何より事の重大性を鑑みて、密告する者がいなかったことによるのであろう。

それから十日近くを経た十月二日、川島皇子による密告が行なわれた。九月二十四日におけ

磐余池跡と二上山

る大津皇子の発言を、鸕野皇后に報告したのであろう。大津皇子、および与党の官人三十余人は、ただちに逮捕され、翌三日、大津皇子は死を賜(たま)わった。死を賜わったときに「流涕(りゅうてい)」して詠んだという、

ももづたふ 磐余(いわれ)の池に 鳴く鴨を 今日のみ
見てや 雲隠りなむ
（磐余の池に鳴いている鴨を、今日限り見て、
私は死んで行くのか）

という辞世歌が、『万葉集(まんようしゅう)』（巻第三―四一六）に載せられている。

　大津皇子は二上(ふたかみ)山に改葬されたが、それは宮内庁が二上山の雄(お)岳頂上付近に治定(じじょう)しているそれではなく、山麓の鳥谷口(とりたにぐち)古墳（現奈良県葛城市染野）のことであろう。一辺約七・六メートル（唐尺の約二十五尺）という当時の墓制で最

鳥谷口古墳と二上山

低規模の方墳で、埋葬施設は内法長約一・六メートル、幅約〇・六メートル、高さ約〇・七メートルという信じられない小さな規模の横口式石槨である。しかも、石材として他の古墳の組合式家形石棺の部材が使われており、天井部と北側面には石棺の蓋石が流用されている。まさに大津皇子の墓に相応しいと、持統は考えたのであろう。

伊勢斎宮から帰京した大伯皇女が、改葬の時に詠んだという、

うつそみの　人なる我や　明日よりは　二上山を　弟と我が見む
（この世の人である私は、明日からは、二上山を弟として眺めることでしょうか）

という歌（『万葉集』巻第二―一六五）も、墓自体がこのような状態であればこそのものである。

## 草壁皇子の死

　こうして大津皇子を葬り、確固たる天武後継者の地位を確立したかに見えた草壁皇子であったが、持統称制三年（六八九）四月に死去してしまった。この年二十八歳、天皇の適齢とされる三十歳まで、あと二年であった。

　草壁皇子は、宮内庁治定の真弓丘陵（まゆみがおか）（岡宮天皇陵（おかみや））ではなく、束明神古墳（つかみようじん）（現奈良県高取町佐田）に葬られたものと思われる。直径二〇メートル・高さ四メートルの八角形墳で、凝灰岩をアーチ状に積み上げた横口式石槨（内部長三・一二メートル、幅二・〇六メートル、高さ二・五メートル）を有する（奈良県立橿原考古学研究所が石槨を復元し、附属博物館前に展示している）。まさに奈良（なら）時代の皇統の祖に相応しい見事なものである。なお、被葬者の歯牙（しが）も発見されている。

## 残った天武皇子と持統天皇の即位

　草壁皇子が死去した時点で成人していた天武の皇子は、高市皇子・忍壁皇子・磯城皇子となるが、共に卑母の所生であって、即位の可能性は低かった。

　また、未成人の皇子は、穂積皇子・舎人皇子・長皇子・弓削皇子・新田部皇子であった。これらのうちで即位の資格を有しているのは、天智皇女から生まれた舎人皇子・長皇子・弓削皇子、蘇我氏から生まれた穂積皇子、藤原（ふじわら）氏から生まれた新田部皇子の五人であった。

東明神古墳

東明神古墳復元石槨（奈良県橿原考古学研究所附属博物館所蔵）

特に持統朝の後半にもなると、舎人皇子・長皇子・弓削皇子の三人が、かつての大津皇子や高市皇子とほぼ同じ冠位でもって、政治の表舞台に姿を現わしている。

この三人の年齢を推定すると、舎人皇子が持統九年（六九五）、長皇子と弓削皇子が持統七年（六九三）に、それぞれ冠位を授けられている。この頃に二十代に達したと考えると、三人は共に天武朝初年の生まれ、草壁皇子が死去した時点では十代後半であったことになる。ちなみに、この三人の生母の母は、舎人皇子が名門阿倍氏、長皇子と弓削皇子が伴造系の忍海氏であった。とりわけ鸕野皇后のように蘇我系ではない阿倍氏の血を引いた舎人皇子の存在が、鸕野皇后の脳裡に大きくなっていったものと思われる。

この三人は、あと数年で成人し、さらに数年後には即位を主張できる立場に立つ。その際には、草壁皇子が死去した時点で七歳に過ぎなかった、しかも天武皇子ではなく二世王である珂瑠（軽）王よりも、血縁的には優位に立つことになるのである。

残された天武の皇子たちを飛び越えて次の世代に草壁皇子の後継者を降ろすことに決めた鸕野皇后は、自分の血が入っており、母も蘇我石川麻呂系であった孫の珂瑠王を後継者と定め、珂瑠王が成人するまで、舎人皇子たちを掣肘するために、自身が即位することとした。

父（草壁皇子）が天武皇子、母（阿陪皇女）が天智皇女のままでは、父が天武、母が天智皇女の舎人皇子よりも、明らかに見劣りする珂瑠王であったが、父が天皇同士の子、母が天智皇女の珂瑠王となると、舎人皇子とも何とか対抗できそうである。

これならば、珂瑠王が成人するまで、自分が天皇位にあれば、舎人皇子をはじめとする天武皇子に対しても睨みをきかせることができ、舎人皇子の皇位継承に関する発言を抑えたまま、珂瑠王の即位に有利な雰囲気を醸成することができると考えたのであろう。

また、自身が天皇となれば、自身を軸とした皇統に皇位継承の重心が移ることとなる。天武が残した草壁皇子の弟たちよりも、天智が残した自身の妹たちの方に皇位継承の比重を移すことができ、その皇統が新しい嫡流となって、珂瑠王がその中心に立つことができるとも考えたはずである。

こうして、斉明以来、三人目で四代目の女帝、そして法制化された最初の天皇として、持統天皇が誕生したのである。

## 高市皇子の死と文武天皇の即位

持統十年（六九六）七月、高市皇子が死去した。『日本書紀』や『万葉集』は彼のことを、「後皇子尊」と呼称している。持統四年（六九〇）七月以来、太政大臣として政務を総攬し、藤原京遷都を推進するなど、持統の王権を支えた功績によるものであろう。

高市皇子は皇族の重鎮として国政の頂点に位置する一方で、天智皇女の御名部皇女と結婚し、長屋王（当時、十三歳）を儲けるなど、その生母の門地から見れば、これ以上は考えられないほどの地位を手に入れたのであるが、それは皇位継承とはまた別の問題であった。

高市皇子が死去した時点で、生存していた天武の皇子は七人であった。出生順に、4忍壁皇子・5磯城皇子・6穂積皇子・7舎人皇子・8長皇子・9弓削皇子・10新田部皇子である。それぞれの年齢は明らかではないが、個人差はあるものの、叙爵（じょしゃく）された年か封戸（ふこ）を賜わった年を、とりあえずの成人年と仮定して、それを仮に二十歳とすると、高市皇子が死去した持統十年における年齢は、推定で、忍壁皇子が三十一歳、磯城皇子が三十歳、穂積皇子が二十五歳、舎人皇子が二十一歳、長皇子が二十三歳、弓削皇子が二十三歳、新田部皇子が十六歳ということになる。なお、舎人皇子は長皇子や弓削皇子よりも年長であるとされるが、何故か叙爵は二年遅れている。これが持統の意思によるものかどうかはわからない。

　また、生存していた天武の皇子の、生母の地位を勘案した序列は、3舎人皇子・4長皇子・5弓削皇子・6穂積皇子・7新田部皇子・9忍壁皇子・10磯城皇子ということになる。このうち、舎人皇子・長皇子・弓削皇子が天智の皇女の所生、穂積皇子が蘇我氏、新田部皇子が藤原氏の所生で、即位の可能性を有していた。

　この二つの条件を併せると、高市皇子が死去した時点で成人しており、即位の可能性を有していたのは、舎人皇子・長皇子・弓削皇子・穂積皇子の四人ということになる。特に、阿倍氏と天智との間に生まれた皇女と天武との間に生まれた舎人皇子がすでに成人していたという状況で、それを差し措いて、天皇を父としていない天武二世王に過ぎない珂瑠王へ皇位を継承させるということが、いかに強引な措置であったかが理解できよう。

## 文武天皇の即位

　このような情況であったにもかかわらず、持統は、藤原不比等（ふひと）と葛野（かどの）王を協力者として、珂瑠王の立太子を強行した。自身の寿命も考えると、珂瑠王を残して死去してしまうという事態だけは、どうしても避けたかったのであろう。

持統十年の末頃のこととされるが、持統は「王公卿士」、つまり皇子・諸王・公卿〈マヘツキミ〈大夫〉〉を宮中に招いて、皇嗣決定会議を開催したことが、『懐風藻』葛野王伝に見える。

高市皇子が薨去して後に、持統天皇は、皇族や公卿百寮を宮中に召して、皇太子を立てることを議論させた。そのとき、群臣は、それぞれ自分の好むところを心に抱いて、人々の議論が紛糾した。葛野王が進んで奏上して言うには、「我が国家の法として、神代以来、子孫が相続して皇位を嗣ぐことになっている。もし兄弟が相続するならば、紛乱はここから起こるであろう。仰いで天の心を考えても、天意は推測できない。そうであるから、人間関係から考えると、天子の世継は自然に決まっている。この外にとやかく余計なことを言うべきではない」という。弓削皇子は座に在って、何か一言、言おうとした。葛野王が弓削皇子を叱りつけ、それで言うのを止めた。持統天皇は、この一言が国家を定めたことを誉められた。特別に選んで正四位を授け、式部卿に任じられた。時に三十七歳であった。

群臣が「私好」を挟み、「衆議紛紜」となったということは、東宮候補が多数存在し、持統が珂瑠王の立太子を希望していることが周知の事実であったにもかかわらず、その皇位継承構想が支持を受けていなかったことを示している。

特に、珂瑠王を次期皇位継承者に推挙し、嫡子継承を正当化した葛野王に対して、弓削皇子が異議を述べようとしたということは、天智の皇女と天武との間に生まれた皇子の存在が、依然として有力な皇位継承資格者として認識されていたことの表われであろう。弓削皇子にとっては、単に同母兄の長皇子を推挙しようとしただけのことだったのであろうが、このような意見が出そうになっているということ自体、持統の皇位継承構想の不自然さを示すものである。

これに対する葛野王の主張は嫡系（ちゃっけい）の父子継承であるが、「神代より以来」などというのが史実に反するのは、出席していた誰もが知っていたはずである。それよりも、これほどの詭弁（きべん）を弄（ろう）してまで、持統の意（「人事〈＝人間関係〉」）に沿わねばならなかった葛野王の政治的な立場を考えるべきであろう。

嫡系父子継承が本当に行なわれていたならば、天智——大友王子——葛野王という継承順になったはずであった。特に、かつては天智の構想における大王位継承予定者に入っていたはずの葛野王の口から出た場合、その自己矛盾は誰の目にも明らかであった。壬申の乱の後の天武・持統朝を、大友王子の嫡子として生きなければならなかった葛野王の苦衷を、ここに読み取るべきである。「兄弟で相承したら、紛乱がそのせいで起こるだろう」という葛野王の言葉を、人々はどのような気持ちで聞いたのであろうか。

この会議を経て、翌持統十一年（六九七）の初頭に、珂瑠王の立太子が実現した。二月二十八日に、当麻国見（たいまのくにみ）を東宮大傅（とうぐうだいふ）、路跡見（みちのとみ）を春宮大夫（とうぐうだいぶ）、巨勢粟持（こせのあわもち）を春宮亮（とうぐうのすけ）に任じるという人事が、『日本書紀』に見える。これが日本ではじめての皇太子ということになる。この年、十五歳。

この年齢もまた、例のないことであった。律令制に基づく最初の皇太子は、これまでの年齢の慣例や、執政経験とは無縁の地位ということになった。

そして八月一日、ついに持統は珂瑠皇太子に譲位した。文武天皇の誕生である。十五歳の君主もはじめてのことであったが、皇太子に立ってから、わずか半年足らず、皇太子としての経験もほとんど経ないままの即位であった。生前譲位というのも、皇極の場合を例外とすれば、はじめての例である。

### 天武皇子のその後

ここで残された天武皇子のその後について触れておこう。出生順に、忍壁皇子は、「吉野の誓盟」にも参加し、天武十年には「帝紀及び上古の諸事」記定のメンバーに加わっている。しかし、壬申の乱において大海人王子たちに同行したことによって持統天皇に冷遇され（直木孝次郎「忍壁皇子」）、長い間、不遇を託った。壬申の乱に「参加」したのが草壁皇子だけではなくなってしまったからである。

文武の時代に入ると、文武四年（七〇〇）に不比等らと共に大宝律令の撰定を命じられ、翌大宝元年（七〇一）に完成させた。大宝令位階制では三品に叙されている。大宝二年（七〇二）に持統太上天皇が死去すると、大宝三年（七〇三）に知太政官事という地位に就いたが、慶雲二年（七〇五）に死去した。壁画で有名な高松塚古墳（直径二三メートルの二段式円墳）の有力な被葬者候補である。

高松塚古墳

磯城皇子は、「吉野の誓盟」に参加しておらず、当時は未成年であったことがわかる。『新撰姓氏録』に「浄広壱」と浄御原令制冠位で記されていることから、大宝令位階制以前に早世したと推定される。

穂積皇子は、大宝元年に三品に叙され、大宝二年の持統太上天皇の死去に際して作殯宮司に、翌大宝三年の葬礼では御装長官を勤めている。慶雲二年に忍壁親王が死去すると、その後任として知太政官事に任じられた。多胡碑（現群馬県高崎市吉井町）には、「太政官二品穂積親王」と刻まれている。和銅八年（七一五）正月に一品に叙されたが、同年七月に死去した。

舎人皇子は、持統九年に浄広弐に叙され、大宝元年に二品、養老二年（七一八）に一品となった。一時は皇位継承候補者として珂瑠王（文武）の対抗馬であったが、文武の即位後は不比等や藤原四子とも協力して、王権を支えた。

養老三年（七一九）には元正天皇から皇太子首皇子（後の聖武天皇）の補佐を命じられた。養老四年（七二〇）には編纂の総裁として、『日本書紀』を奏上した。同年の不比等の死後には知太政官事に任じられた。神亀六年（＝天平元年、七二九）の長屋王の変では、新田部親王らと共に長屋王を糾問し、その処理にあたった。その年には藤原光明子の立后勅を宣している。しかし、天平七年（七三五）に天然痘によって死去した。六十歳。死去した新田部親王の邸宅に弔使として遣わされた一箇月半後のことであった。葬儀の日、太政大臣を贈られた。天平宝字二年（七五八）に第七王子の大炊王が即位すると（淳仁天皇）、翌天平宝字三年（七五九）、崇道尽敬皇帝と追号された。宮内庁は黄金塚陵墓参考地（現奈良市田中町）を指定しているが、発掘調査の結果、七世紀中葉の築造と判明した。子孫は臣籍に降下して清原氏となっている。

長皇子は、持統七年に浄広弐に叙され、大宝元年に二品となったが、穂積親王にわずかに一箇月早い和銅八年に死去した。

弓削皇子は、持統七年に浄広弐に叙されたが、早く文武三年に死去した。なお、四神や天文図の壁画が描かれたキトラ古墳（直径一三・八メートルの二段式円墳）の被葬者を弓削皇子に充てる説もある。

新田部皇子は、文武四年に浄広弐に叙され、大宝元年に三品となった。慶雲四年（七〇七）には二品と見える。養老三年に舎人親王と共に首皇子の補佐を命じられ、養老四年には知五衛及授刀舎人事に任じられた。母方が藤原氏系皇女であったことから、当初から藤原氏に協力的

竹田遺跡

であった。神亀元年（七二四）の聖武天皇即位に伴って、一品に昇叙された。

神亀六年の長屋王の変では、舎人親王らと共に長屋王邸に派遣され、その罪の糾問にあたった。天平三年（七三一）には大惣管に任じられたが、これも舎人親王と同じく、天平七年に天然痘によって死去した。

なお、飛鳥の竹田遺跡（現明日香村小原）では、七世紀後半の建物七棟分以上の大規模建造物群が発見されているが、これを新田部皇子の邸宅と考える説が有力である。

また、平城京で新田部親王の邸宅のあった地は、その後、子である道祖王と塩焼王が相続したが、二人は橘奈良麻呂の変と恵美押勝の乱で滅ぼされ、没官となった。その故地は後に鑑真に与えられ、唐招提寺が造営されている。

## 天武皇子の行く末

結局、十人もいた天武の皇子の中で、即位できた者は一人も出ず、すべてが「即位できなかった皇子たち」になってしまった。孫の世代に文武・元正・淳仁、曾孫の世代に聖武、玄孫の世代に孝謙（称徳）が即位して、皇統の祖とはなったのであるが、天武としても不本意なことだったであろう。

しかし、彼ら皇子の子（天武孫王）の世代には、律令制成立後に、さらに苛烈な未来が待っていたのである。

# 第三章　律令国家と皇子

八世紀の天皇は文武から桓武まで九代八人を数えるが、そのうちで男性天皇は五人に過ぎない。しかも八世紀前半における二人の男性天皇（文武と聖武）が、ほとんど皇子を残すことができなかったという事態は、天武皇子の子孫たちに新たな悲劇をもたらした（倉本一宏『奈良朝の政変劇』）。

天武の二世王（孫王）たちが、律令制成立時には想定していなかった皇位継承権を持ってしまったのである。藤原氏の専権に反撥し、政変を企てた氏族は、そのための「玉」として、天武系諸王たちを策謀の場に引き入れた。しかし、それらの企てはすべて失敗に帰し、その犠牲となった諸王たちは、一つまた一つと系統ごとに滅ぼされ、宝亀元年（七七〇）、称徳女帝の死に際しては、ついに皇位を伝えるべき天武系皇親は一人も残っていないという事態となってしまっていた。

皇親にとっては、これらの事変への関与を避けるためには、政治への積極的な関心を持たずに不熱心な勤務態度を取り、高位高官に上ることは望まないようにすること、それでも安心できない場合は、さらなる放蕩を続けるか、出家してしまう、また皇位継承権を放棄する証として、皇親籍を離れて臣籍に降下することしか、選択肢は残されていなかった。

天武（持統）系皇親が皇位を嗣いでいた奈良時代には、とうてい皇位など望むべくもなかった天智孫王（施基皇子の子）の白壁王（後の光仁天皇）でさえ、王権からの危険視を恐れながら、

（天平）勝宝以来、皇統には皇嗣がなく、人はあれこれを疑って、罪し廃された者が多

かった。天皇（白壁王）は深く横禍の時を顧み、或いは酒を縦にして能力を隠し、この故によって害を免れたのは数多であった。

という雌伏の時を送っていたのである（『続日本紀』光仁天皇即位前紀）。以下、文武・聖武・光仁の皇子のうち、皇位を嗣がなかった者について、奈良朝政治史とからめながら、その経緯を眺めていきたい。

## 1　文武天皇と広成（広世）皇子

### 文武天皇の后妃

文武天皇は、多くの后妃を置かず、皇后も立てず、皇子をほとんど残すことがなかった。文武元年（六九七）の即位の直後に、

藤原朝臣宮子娘を夫人とし、紀朝臣竈門娘と石川朝臣刀子娘を妃とする。

と見え（『続日本紀』）、藤原宮子を夫人、紀竈門娘と石川刀子娘を嬪（「妃」は「嬪」の誤り）とすると定められたが、最後まで皇后は立てられなかった。律令制の原則では、皇后は皇族に限られていたが、当時は文武と結婚して皇后となるべき適齢の皇女もほとんどいなかった。天武

皇女は当耆皇女以外はすでに結婚しているか死亡していたし、天智皇女では泉皇女と水主皇女が残っていたが、当耆皇女は文武二年（六九八）、泉皇女は大宝元年（七〇一）に伊勢斎宮となってしまい、水主皇女も生涯結婚しなかったようである。

これらのうち、宮子は当時中納言であったと思われる史（不比等）の女、竈門娘は同じく中納言と思われる紀麻呂の近親の者であろう。刀子娘は名門蘇我氏（当時は石川氏）の一員で、斉明・天智朝の大臣蘇我連子の末裔と思われる。また彼女は、不比等室の石川娼子（媼子）を通じて不比等や武智麻呂・房前・宇合ともミウチ関係にあった。この三人の嬪の中で、本来もっとも格の高かったのは、六世紀以来七世紀末まで引き続いて大王家の姻戚氏族であった蘇我氏の石川刀子娘であったはずである。

このような状況のなか、慶雲四年（七〇七）に死去した文武が残した皇子は、公式には宮子が大宝元年に産んだ首皇子（後の聖武天皇）のみであった。奈良朝の数々の政変劇は、この文武の残した皇子の少なさに、すべて起因していたのである。

### 石川嬪所生文武皇子の皇籍剝奪

ところが、文武の残した皇子は、首皇子のみではなかった可能性がある。和銅六年（七一三）十一月、唐突に、

石川・紀二嬪の号を貶して、嬪と称することができないようにせよ。

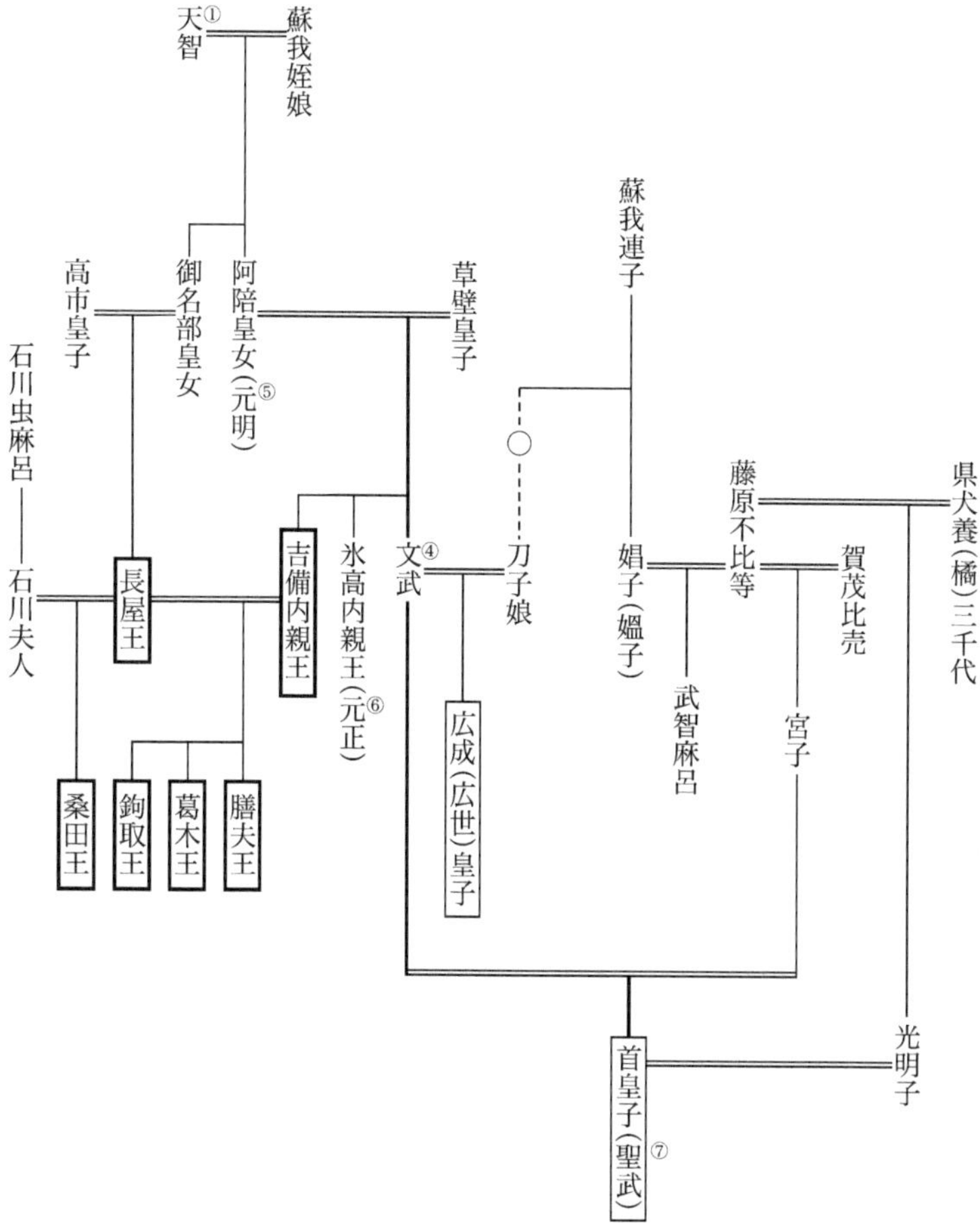


（数字は即位順、太線は嫡流、□は不慮の死を遂げた皇子）

という決定がなされた（『続日本紀』）。首皇子を擁する不比等や県犬養三千代の執拗にして巧妙な術策によって二嬪は貶黜され、石川刀子娘の産んだ広成・広世の二皇子は皇籍を剝奪されたと推測する説もある（角田文衞「首皇子の立太子」）。

後に高円朝臣に改姓された元文武皇子の石川広成と広世とは、同一人物の可能性もあるが、石川嬪所生の文武皇子から皇位継承権を奪うために、石川刀子娘を嬪の位から貶すという陰謀が存在したという角田説を認めるならば、この事件の黒幕が不比等と三千代であったという推測も首肯すべきであろう。

## 首皇子立太子

広成皇子の皇籍を剝奪して最大の障碍を除外した不比等は、翌和銅七年（七一四）六月、あまりに怪しいタイミングで、元服した首皇子の立太子に成功している。

蘇我氏は大王家の母方氏族として、また大化前代における唯一の大臣氏族として、その尊貴性を大化以降も認められていた（倉本一宏『蘇我氏』）。その認識は、律令制の時代に至ってもなお、旧守的な氏族層、あるいは皇親の間に残存していた可能性が高い。

皇女所生の文武皇子が得られないのならば、藤原氏の産んだ皇子と、蘇我氏（石川氏）の産んだ皇子とのいずれかを皇嗣としなければならない場合、必ずしも藤原宮子所生の首皇子を推す者ばかりではなかったであろうことは、想像に難くない。

元興寺

また、元明天皇や御名部内親王・氷高内親王（後の元正天皇）・吉備内親王ら、蘇我氏の血を濃く引く天皇家の女性皇族が、二人の皇子のどちらに強いミウチ意識を抱いていたかは、一概には論じられない問題である。こうして、持統―不比等による、文武―首皇子への直系皇位継承路線と、蘇我系皇族（たとえば氷高や吉備、長屋王、吉備と長屋王との間に生まれた三人の王など）への皇位継承を模索する路線との間に、微妙な雰囲気が生じてきても、不思議はないものと思われる（倉本一宏『奈良朝の政変劇』）。

不比等と三千代は、これらのうちでもっとも蘇我氏の血の濃かった広成皇子を排除したことになり、以後は首皇子の擁立を急ぐ勢力と、他の蘇我系王族の擁立をも視野に入れる勢力との綱引きが始まることとなる。そしてもちろん、蘇我系王族の中でもっとも尊貴な血を有していた男子が、長屋王とその男子ということになる。

# 2　聖武天皇と安積親王・基王

## 聖武天皇の后妃

藤原氏の期待を一身に背負って即位した聖武天皇は、はじめて藤原氏から生まれた天皇であった。即位したのは、神亀元年（七二四）のことである。

そしてその聖武（首皇子）には、すでに霊亀二年（七一六）、首皇子と同じ大宝元年（七〇一）に藤原不比等と県犬養三千代との間に生まれていた安宿媛（光明子）が妃となっていた。この年、十六歳。いずれ光明子が聖武の皇子を産んで、それが即位すれば、まさに外戚家としての藤原氏の権力は盤石のものとなり、永久政権の座が開けてくるはずであった。

ところが、光明子の入内とほぼ同時期に、県犬養広刀自という女性が、首皇子の妃となっていた。広刀自は讃岐守唐の女とあり、後宮に大きな勢力を持ち、不比等室で光明子の母であった県犬養三千代の近親者である。広刀自の入内は、三千代、そして不比等が、光明子が皇子を産まない場合のスペアとして、同じ三千代の近親者を皇太子首皇子に配したことになる。

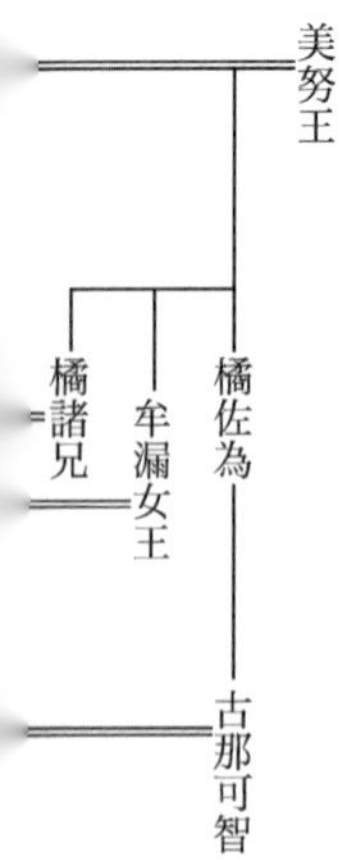


（数字は即位順、太線は嫡流、□は不慮の死を遂げた皇子）

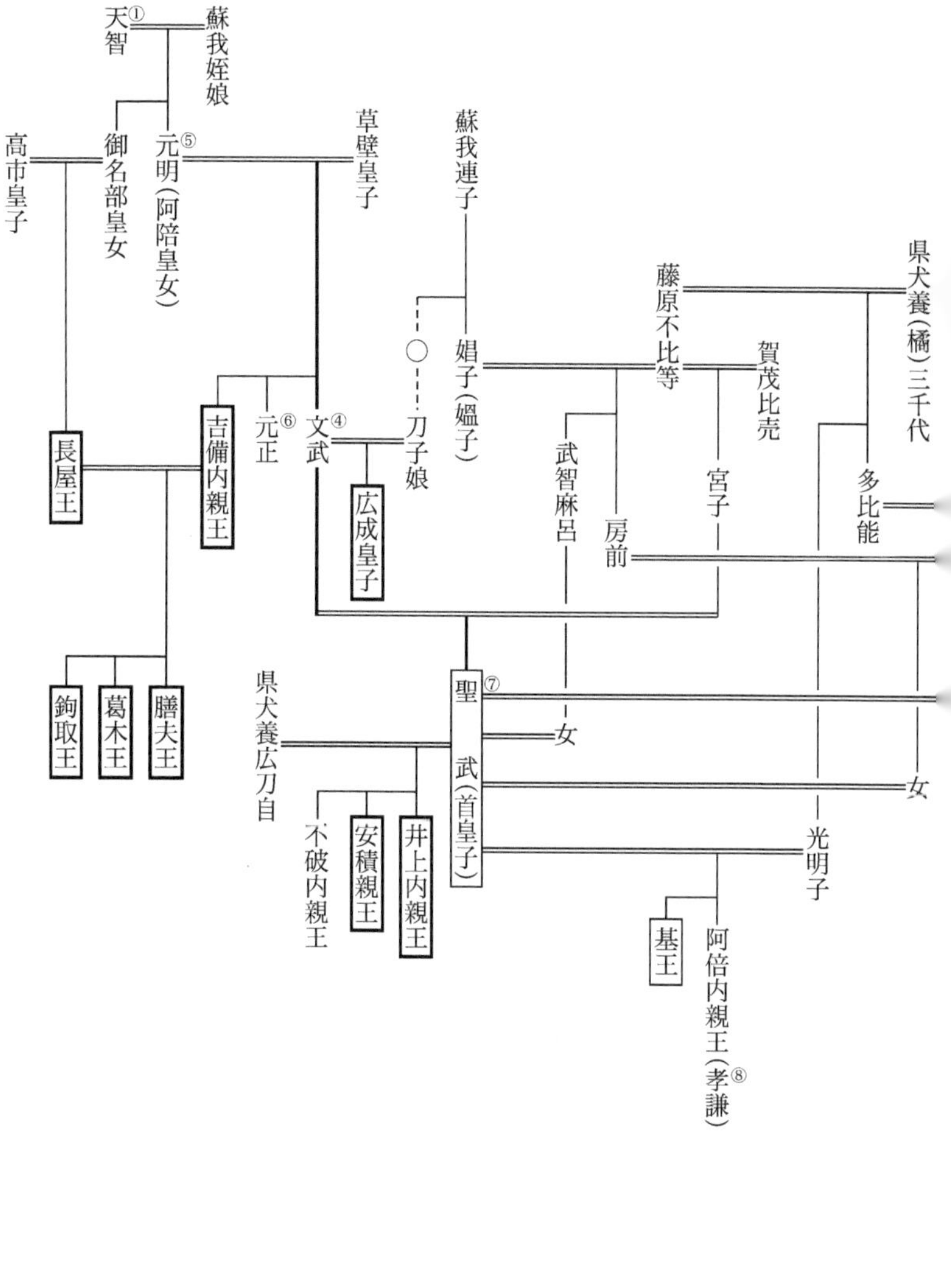

蘇我姪娘
天智①
元明⑤(阿陪皇女)
御名部皇女
高市皇子
草壁皇子
蘇我連子
県犬養(橘)三千代
藤原不比等
娼子(媼子)
賀茂比売
吉備内親王
元正⑥
文武④
刀子娘
長屋王
広成皇子
武智麻呂
房前
宮子
多比能
膳夫王
葛木王
鉤取王
聖武(首皇子)⑦
県犬養広刀自
女
女
井上内親王
安積親王
不破内親王
光明子
基王
阿倍内親王(孝謙)⑧

自己の擁する皇統の存続に懸ける両者の並々ならぬ意志が読み取れる。

また、不比等嫡男の武智麻呂の女（名は不詳）と、不比等二男の房前の女（名は不詳）が、聖武の夫人となっている。光明子が皇子を産まなかった場合、県犬養広刀自所生の皇子よりも、藤原氏の女性が産んだ皇子の方が、彼らにとっては都合がよかったのであろう。なお、房前は三千代と美努王との間に生まれた牟漏女王（橘諸兄の同母妹）と結婚しており、この聖武夫人が牟漏女王の所生となると、これも三千代の近親者（孫）ということになる。

さらには、橘佐為の女の古那可智が聖武の夫人となった。佐為は三千代の子であり（諸兄の同母弟）、古那可智も三千代の孫ということになる。古那可智の入内は、天平九年（七三七）のことと思われるが、この年、天然痘で藤原四子が死去したことによって、諸兄政権が誕生したことを考えると、これは光明子の異父兄である諸兄の思惑によるものと考えられる。

### 聖武天皇の皇子たち

そのような情勢のなか、早くに入内した聖武（首皇子）の二人の夫人は、次々と皇子女を産んだ。まず広刀自が、後に光仁天皇の皇后となる井上内親王を養老元年（七一七）に、次いで光明子が、後に孝謙天皇となる阿倍内親王を養老二年（七一八）に、それぞれ産んでいる。

この二人の夫人が相次いで子を産んだことは、首皇子にとってこの二人が同等の「格」を有していたことを示している。王権にとっては、次にどちらが先に皇子を産むかが、当面の課題となったはずである。

　そして先に皇子を産んだのは、光明子の方であった。神亀四年（七二七）閏九月二十九日、基皇子（「某王」の誤写かもしれないが、とりあえずこう記しておく）が誕生したのである。藤原氏の喜びと焦りは大きかった。二人の有力なキサキが存在する場合、一人が懐妊して里居している間に、もう一人のキサキが懐妊する例が多いのである。

　十一月二日、皇子の異例の立太子が行なわれた。それは、皇統を聖武の次の世代に降ろし、もはや他の系統に皇位を伝えないことを、支配者層に周知させることになる。また、広刀自が近々第二皇子を産んだ場合にも、この第一皇子の優位性を確保するために、既成事実を作っておく必要があったのであろう。

　しかしながら、この藤原氏の行動は、いかにも強引であった。藤原系皇族が皇統を伝えるということは、いまだ支配者層の間で定まっていたわけではなく、生後一箇月の赤子を立太子するということは、藤原氏の専権に反感を持つ勢力の反撥を生むこととなった。十一月十四日に大納言多治比池守が百官を率いて基皇太子拝謁のため、旧不比等邸（現奈良市法華寺町）を訪れたが、池守が率いたということは、政権首班の長屋王はこの慶事を欠席していたことになる。天皇にも現実の「徳」を要求する長屋王の立場からは、統治能力のまったくない赤子の皇太子などは考えられなかったことであろう。

　ところが、藤原氏の期待を一身に集めた基皇太子は、何月からか病悩した。八月からは快復を祈る種々の措置が執られているが、その甲斐もなく、はじめての誕生日を目前にした九月十三日、ついに夭死してしまった。

「聖武天皇皇太子那富山墓」

基皇太子の墓は、平城京の北にある佐保山に造られた。現在、「聖武天皇皇太子那富山墓」が宮内庁によって治定されているが（現奈良市法蓮佐保山）、もとより確証のあることではない。

この間、何月かは不明であるが、広刀自から安積親王が誕生している（『続日本紀』に誕生の記事が見えないのは、偶然ではなかろう）。基皇太子の死去と安積親王の誕生とが、ほぼ同時期に起こっているということは、藤原氏の危機感を嫌が応にも高揚させたに違いない。次に光明子に皇子が生まれる保証はなく、三千代や聖武がそれを待ってくれるとは限らない。「長屋王の変」は、そのような情勢の中で起こったのである（倉本一宏『奈良朝の政変劇』）。

なお、遅れて入内した橘古那可智・武智麻呂女・房前女は、いずれも子を産むことはなかった。

諸兄政権の成立とちょうど軌を一にして、安積親王が成長してきていたが、天平五年（七三三）に三千代は死去しており、その後見も弱体化していた。

一方、皇后となった光明子は、この頃には出産の「可能性」はすでになくなっており（聖武の方にもなくなっていたのであったが）、両者の間に残された唯一の子である阿倍内親王が天平十年（七三八）に立太子した。しかしながら、成人の近付いた安積親王が存在している中でのこの皇女の立太子は、いかにも強引であり、それを皇嗣として認めようとしない勢力も、隠然として存していた。

## 安積親王の死

天平十二年（七四〇）の藤原広嗣の乱以来、彷徨を続ける聖武の「行幸」の度に昇進を続け、光明皇后の庇護の下で頭角を現わしてきた武智麻呂次男の仲麻呂と、政府首班の諸兄との攻防は、仲麻呂の後見する阿倍皇太子と、諸兄の後見する安積親王との、いずれを正当な皇位継承者として認めるかという二者択一の選択肢をめぐって繰り広げられた。

この頃、安積親王を中心に仰ぐ藤原八束（後の真楯。房前三男、母は牟漏女王）・大伴家持らによるグループが形成され、それらと諸兄とが連携して、安積親王に皇嗣としての望みを託していたとされる（川崎庸之「大伴家持」）。光明皇后を仰ぎ仲麻呂を中心とする藤原氏と、このグループとの対立は、抜き差しならない問題として、支配層全体にのしかかってきていた。

天平十五年（七四三）十二月、諸兄が主導してきた恭仁京の造営が停止された。仲麻呂の諸兄に対する挑戦であるとされる。そして翌天平十六年（七四四）閏正月十一日、聖武は難波宮に行幸してしまう。変事が起こったのは、この時のことであった。『続日本紀』は、次のように語る。

　天皇は難波宮に行幸した。知太政官事従二位の鈴鹿王と、民部卿従四位上の藤原朝臣仲麻呂を留守官に任じた。この日、安積親王は脚の病で桜井の頓宮から恭仁宮に還った。

知太政官事の鈴鹿王は当然として、本来は恭仁京造営には反対であったはずの仲麻呂が留守官とされている点が、元々不審である。諸兄は政府首班として聖武に随行し、難波に向かったのであろうが、そのために掌中の珠である安積親王と切り離されることになったのである。安積親王の「脚の病」が単なる脚気なのかは、不明である。

二日後の十三日、恭仁京において安積親王は急死してしまう。『続日本紀』は、

　薨じた。時に年は十七。従四位下大市王と紀朝臣飯麻呂らを遣わして葬儀を監督・護衛させた。親王は天皇の皇子である。母は夫人正三位県犬養宿禰広刀自で、従五位下唐の女である。

と見える。安積親王には誕生の記事もなく、この記事から生年や生母、外祖父の名が明らかに

「安積親王和束墓」

なるのみなのである。安積親王の墓としては、直径八メートルの古墳時代の円墳である太鼓山古墳（現京都府相楽郡和束町）が、一八七八年（明治十一）に「安積親王和束墓」として治定された。

二十日近くを経た二月二日、新たな留守官が任命されたが、鈴鹿王は再任されていたのに、仲麻呂は除かれていた。

## 暗殺説をめぐって

この安積親王の急死をめぐっては、まず北山茂夫氏が「奇怪千萬な事件」として疑問を示され（北山茂夫「天平末年における橘奈良麻呂の変」）、次いで横田健一氏によって暗殺説が提示された（横田健一「安積親王の死とその前後」）。

横田氏の説では、『万葉集』によると天平十六年正月十一日に安積親王の邸内もしくはその付近で宴飲が行なわれており、死の一箇月前までは安積親王には病悩の様子は見られないということである。また、安積親王が引き還してきた桜井頓宮というのは、河内国河内郡桜井郷のこととされるが（現東大阪市六万寺町）、ここからならば恭仁京へ帰るよりも難波宮の方がはるかに近いのに、何故わざわざ遠い恭仁京に帰ったのか疑いが持たれると考えられた。

さらに、二月一日になって急に騒ぎ出したのは、閏正月の末日に至り、安積親王の死が普通の病死ではなく、暗殺されたという噂が伝わり、難波の朝廷に広まったからであり、二日に五人に増強して任命された新しい留守五人の中に仲麻呂が除かれているのは、仲麻呂が暗殺したという報が伝わるや、仲麻呂に対して平素反感を持ち、安積親王を支持していた橘氏・大伴氏・佐伯氏・多治比氏ら反藤原氏グループが色めきたち、不穏な対立の空気が濃くなってきたからであるとされる。

そして、仲麻呂のような者にとっては、まわりに誰も警戒するもののない時に、十七歳のかよわい少年を片づけることは何でもないことだったであろう、親王は脚病というが、あるいは憶測すれば、難波へ行く前から一服もられていたというようなことも全然あり得ないと言えまいと推測されている。

このような「推理」を行なうということは、歴史学者の任務ではない。その「可能性」が存し、それが当時の政治情勢に照らし合わせて、まったくあり得そうなことでもないことを指摘するにとどめたい。

ただし、考えなければならないのは、安積親王というのは、一部の支持グループを除いた支配者層全体にとっては、近い将来に政変をもたらす可能性を秘めた不穏な因子であった。支配者層というのは、目前の激変をとかく避けたがるものであり、これは、阿倍皇太子を支持しない人々にとっても同様だったはずである。支配者層の大多数が、近い将来の政変が未然に回避できたとして、安積親王の死に対して安堵の想いを抱いたであろうことは、想像に難くない。支持基盤の薄い安積親王を担いで事を起こすということは、聖武天皇や光明皇后が健在な時期においては、たとえ政権首班の橘諸兄であっても、ほとんど不可能なことであり、その点では、王権の一部からも支持を受けていた長屋王一族とは決定的に異なるのである。

安積親王の死の最大の影響は、藤原氏、反藤原氏の両勢力も、今後は親王という「玉」を持たない状況で政治闘争を続けざるを得なくなったことである。反藤原（阿倍）勢力は、これからはクーデターで担ぐべき皇嗣としては、二世王に目を付けるしかなくなったのである。いよいよ、「皇親の悲劇」の本格的な始まりを迎えたと言えよう（倉本一宏『奈良朝の政変劇』）。

## 3　光仁天皇と他戸親王

### 称徳女帝の皇嗣

宇佐八幡宮神託事件が決着した翌神護景雲四年（宝亀元年、七七〇）二月以来、病悩していた称徳（孝謙が重祚したもの）天皇は、厳戒態勢の中、八月、ついに死去した。皇嗣が決定していない状況の中、『続日本紀』によると、左大臣藤原永手、右大臣吉備真備、参議藤原宿奈

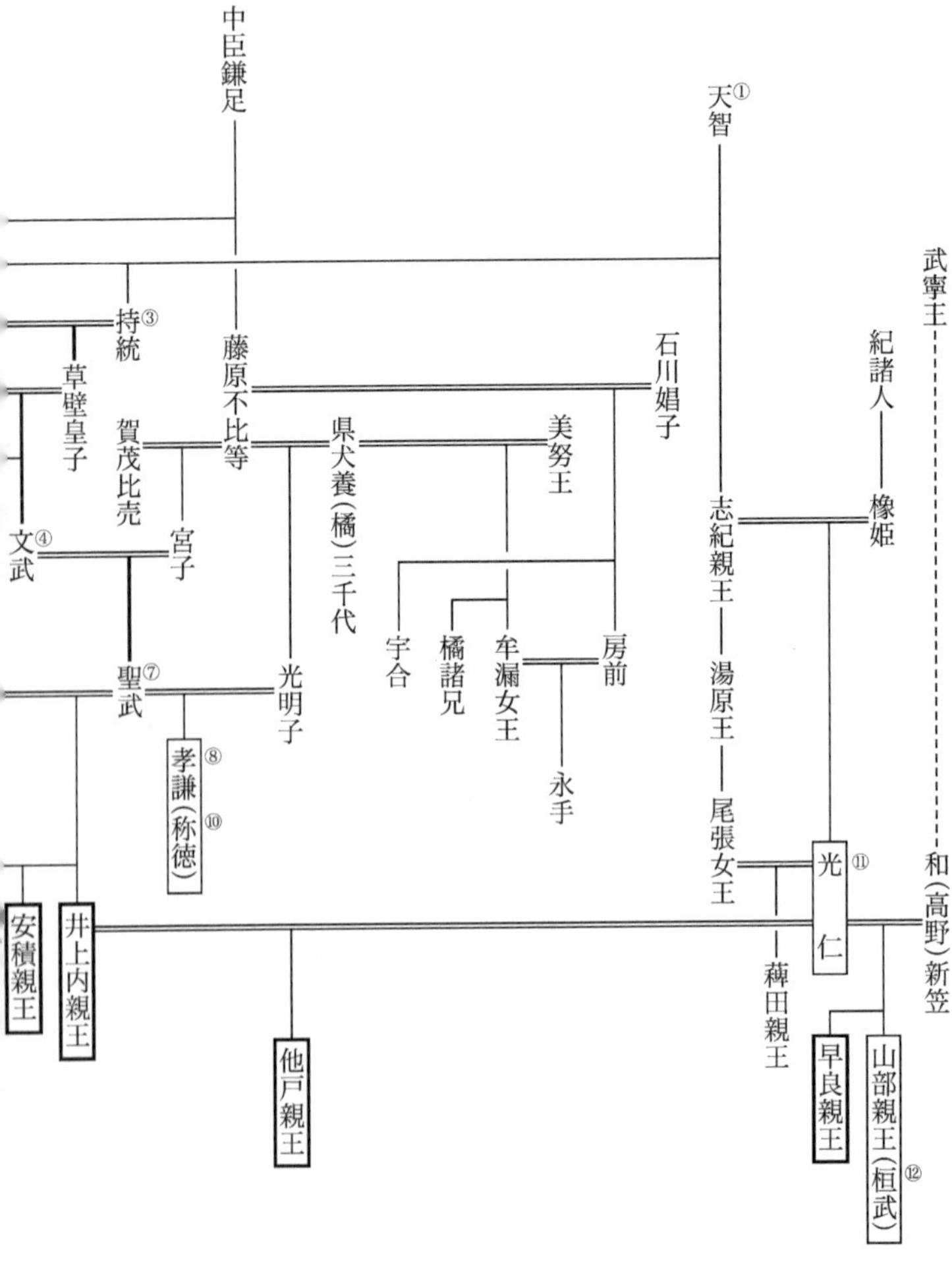


（数字は即位順、太線は嫡流、□は不慮の死を遂げた皇子）

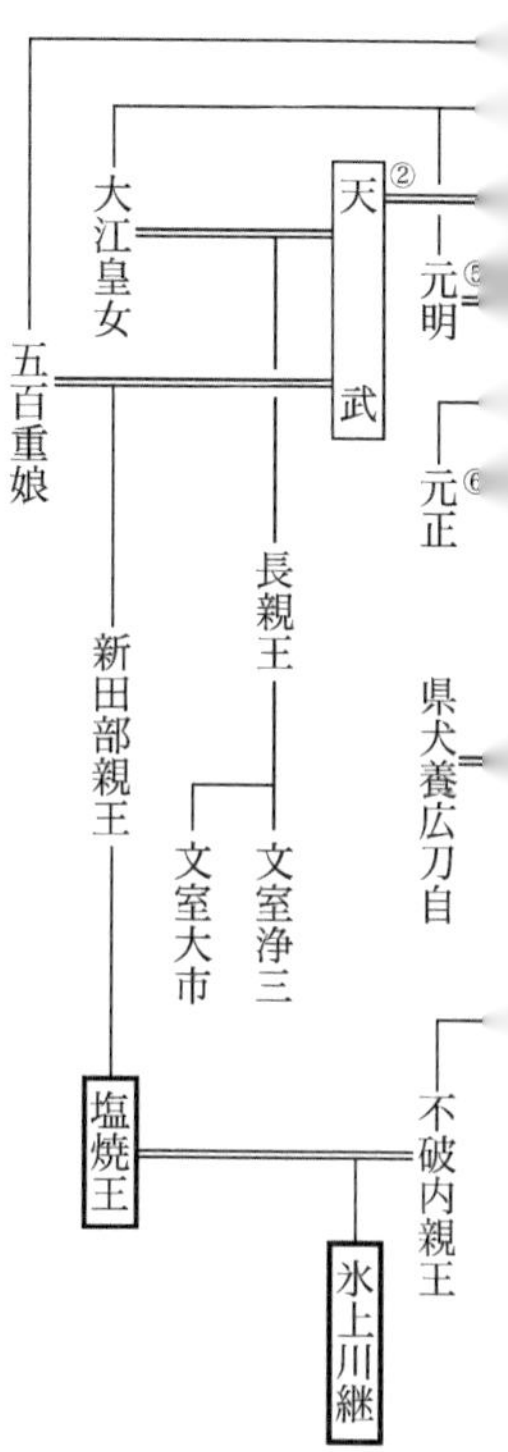


麻呂（良継）・藤原縄麻呂・石上宅嗣、近衛大将藤原蔵下麻呂らは、策を禁中に定めて、天智皇孫の白壁王を立てて皇太子とした。称徳の遺詔という宣命は、白壁王が年長であるということと、天智の功績を以て、皇太子とするというものである。

天武系の皇親がいなくなってしまっていたことを考えると、妥当な選択とも言えようが、むしろ六十二歳に至るまで、数々の政変劇においても誰にも担がれず、臣籍に降下することもなく皇親のまま、官僚社会の一員として生存できていたことにこそ、白壁王の特異性を読み取るべきであろう。

この白壁王の立太子は、藤原百川をはじめ、永手や良継が、文室浄三や大市（共に長親王の子）という天武系元皇親を推した吉備真備の意見を退け、宣命を偽作して、成し遂げたものであったとされる（『日本紀略』所引「百川伝」）。

この「百川伝」の史料的価値には種々の論議があるが、真備が天武系元皇親を推したこと、それが藤原氏によって排されたことは、認めてもよいものと思う。そして、真備が天武系にこだわった理由としては、それが真に称徳自身の意中を体したものであったからだと考えたい。晩年の百余日の間、称徳は群臣に謁見することなく、典蔵吉備由利のみが、臥内に出入りして伝奏してきたのであるが、真備は女の由利を通じて、あくまで天武系にこだわる称徳の意向を知っていたのであろう。

しかしながら、井上内親王を通して聖武の血を引く他戸王への中継ぎの男帝として、老齢の白壁王を立てることは、臣下に降った者を立てるよりも、支配者層のいずれにも納得しやすい選択肢であったに違いない。他戸王が支配者層の総意として後見されている限り、藤原氏の策謀は筋書き通りに成功したかに見えていたはずである。

## 他戸親王の立太子

こうして即位した光仁天皇であったが、六十二歳という高齢を考えれば、その本質的な位置付けとしては、この年十歳の他戸王への適当な時期における禅譲が予定されていたはずである。十一月、志紀親王（施基皇子）に春日宮天皇という天皇号を追贈し、光仁の兄弟姉妹と子女を親王とし（もちろん、他戸王も）、井上内親王を皇后と定めるという詔が宣せられ、翌宝亀二年（七七一）正月、他戸親王が皇太子に定められた。その宣命では、山部親王（後の桓武天皇）らの兄親王を差し措いて立太子した事情を、ことさらに述べている。

## 皇后井上内親王の廃后

そのようなめでたくも複雑な情勢のなか、皇后井上内親王が、巫蠱（呪いで人を呪い殺す罪）に連坐して廃されるという事件が起こった。宝亀三年三月二日の詔は、

天皇のお言葉であると仰せられるお言葉を、百官人たち、天下の人民たち、みな承れと申しわたす。

今、裳咋足島が謀反の事を自首してきた。尋問すると、それに対し白状したところは、年月が経過しているが、法に照らせば足島にも罪があると思われる。しかし年月が経過しているとはいえ、臣下としての道から自首してきたのを奨励する意味で、冠位を上げ優遇すると仰せになる天皇のお言葉を、みな承れと申しわたす。

別に仰せられるには、謀反の事に関与しながら、秘して自首しなかった者ども、粟田広上と安都堅石女は法に従って斬罪に処すべきである。しかし思うところがあるので、遠流の罪に処すると仰せになる天皇のお言葉を、みな承れと申しわたす。

と語っている（『続日本紀』）。裳咋足島という女官が、何年も前の謀反を自首して位階を従七位上から外従五位下に上げられ、二人の女性（巫蠱にあたったとされた女官か）が遠流に処されたというのであるが、この詔は、井上内親王の廃后の詳細に関しては、何も語ってはいない。

## 他戸親王の廃太子

次いで五月二十七日、他戸皇太子が、その地位を追われて庶人とされた。その詔は、

天皇のお言葉であると仰せられるお言葉を、百官人たち、天下の人民たち、みな承れと申しわたす。

今、皇太子と定めてあった他戸王の母である井上内親王が呪いによって大逆を謀っているという事は、一、二度のことではなく、度々発覚している。いったい天皇の位は、自分一人の私的な位ではないと理解している。それ故に、皇嗣と定め、儲君とした皇太子の位に謀反・大逆の人(井上内親王)の子を決めておいたら、公卿たち、百官人たちを、天下の人民がどう思うか、恥ずかしく恐れ多い。それだけでなく、後世が平安で永く欠けることなくあるような政治ではないと、神である身として思うので、他戸王を、皇太子の位を停め斥けると仰せになる天皇のお言葉を、みな承れと申しわたす。

と語る(『続日本紀』)。「井上内親王の厭魅大逆の事」が何度も発覚しているので、「謀反大逆の人の子」を皇太子にしておくわけにはいかないという理由である。それにしても、皇太子の地位を追われた親王が、一挙に庶人にまで落とされるというのは、きわめて異例のことである。井上内親王が、死後に皇后の称を復されたり、皇太后を贈られたりしているのに対し、他戸王に対する処置は、死後にも峻厳を極めている。本人の過失によって、皇太子の地位を追われた

わけでもないにもかかわらずである。

いったい、この年六十四歳という老齢の天皇の後継者に定められていた皇太子や、その母の皇后が、天皇を呪詛するということが、あり得るのであろうか。数年間に及ぶ何度もの呪詛ということになると、他戸親王の立太子直後、あるいは光仁の即位直後からということになるが、それはあまりにも現実離れしている。

やはり他戸親王を皇太子の地位から追い落とし、山部親王を擁立しようとした、藤原式家による陰謀という一般論が、的を射ているであろう。『類聚国史』政理一・賞功・延暦廿二年正月壬戌条（『日本後紀』の逸文か）では、山部親王の恩顧を受けていた槻本老が、他戸親王と井上内親王に責められること数度に及んだので、この事件が起こるや、「其の獄を按験し、多く奸状を発」したので、母子共に廃された、ということが語られているが、後宮における疑惑がフレーム・アップされる過程には、そのような動きが存在した可能性もある。

なお、その際、『公卿補任』に、

> 大臣（百川）は、元々心を桓武天皇（山部親王）に附けていた。龍潜の日、共に交情を結んだ。宝亀天皇（光仁）が践祚した日に及んで、私かに皇太子としようと計った。時に庶人他部（他戸）は、皇太子の位にいた。公（百川）は、しばしば奇計を出し、遂に他部を廃して、桓武天皇を皇太子とした。……

と見えることを重視して、百川個人の策謀を重視する考えよりも、百川と良継という式家の連繫を重視する考え（林陸朗「奈良朝後期宮廷の暗雲」）が、穏当なところであろう。

式家の専権が確立したこの時期に、彼らによる陰謀が実行された蓋然性は、きわめて高いと考えるべきであろう。なお、良継の女の乙牟漏（後に皇后。小殿親王［平城天皇］・神野親王［嵯峨天皇］の母）、百川の女の旅子（母は良継女の諸姉。後に夫人。大伴親王［淳和天皇］の母）は、山部の妃になっているが、このうち乙牟漏はすでに宝亀三、四年頃に妃となっていることが知られる。

宝亀四年（七七三）正月、中務卿山部親王が皇太子に立てられたが、この八箇月の皇太子の空白は、支配者層全体への山部立太子の正当性の説得が、予想以上に困難であったことを物語っている。立太子宣命にある「このようになった事情をよく理解して、百官人たちは皇太子にお仕えするように」という異例の語は、光仁の苦悩を物語っているようである（倉本一宏『奈良朝の政変劇』）。

### 母子の死

事件はそれだけでは終わらなかった。宝亀四年十月十四日の難波内親王（光仁の同母姉）の死去が、井上内親王の厭魅によるものとされ、井上内親王と庶人他戸とは、十九日に大和国宇智郡の没官された宅（現奈良県五條市）に幽閉されてしまったのである。

その二年後の宝亀六年（七七五）四月二十七日、母子は同日に死去した。『続日本紀』の、

「他戸親王墓」

井上内親王と、他戸王とが共に卒した。

という素気ない記述からは、二人の死の背景は読み取れないが、この死が尋常のものではなかったことは、容易に察せられる。式家の手の者によって毒殺されたという推量（角田文衞「宝亀三年の廃后廃太子事件」）は、それほど的を失しているとは思えない。

その後、宝亀八年（七七七）十二月以来、病悩の続いた山部皇太子は、井上内親王の怨霊に悩まされたらしい。病悩の三日後には、井上内親王の遺骨を改葬し、その塚を御墓と称する措置が執られるなど、その地位の復権がはかられたが、桓武即位後の延暦十九年（八〇〇）七月には、ついに皇后の称を復され、同年末には、皇太后を贈られた。

その一方では、まったく罪もないまま廃太子された他戸の方は、遂に復権はかなわず、後世の史料にも「庶人他部」という表記をされたままである。それはかえって、桓武系王権側が、いかに他戸の存在を恐れていたかを示すものであろう。天武系皇統から天智系皇統への転換に際して、その両者の血を引いているが故に、最大の犠牲者となってしまったことになる。

宝亀十年(七七九)に、周防(現山口県)の凡直葦原の賤である男公なる男が、他戸親王を自称し、配流されるという事件が起こっているが、いかに王権が他戸の存在を無視しようとも、人々の記憶の中には、他戸が何時までも澱のように残っていたのである。

# 第四章　平安朝の確立と皇子

桓武天皇は、廃した皇太弟早良親王の怨霊に悩まされた。早良に代わって即位した桓武嫡流の平城天皇は、皇位を同母弟の神野親王（嵯峨天皇）に譲って平城宮に居住し、平城還都を号令したが、嵯峨に拒絶され、拘束されて出家させられた。嵯峨は皇太子高岳親王（平城皇子）を廃し、皇太弟に大伴親王（後の淳和天皇）を立てた。

その後、皇位は嵯峨皇統（仁明天皇）と淳和皇統（恒貞親王）の迭立状態が確立したかに見えたが、嵯峨が死去すると承和の変が起こり、皇太子恒貞親王が廃されて仁明皇子の道康親王（後の文徳天皇）が皇太子に立てられた。

## 1　桓武天皇と早良親王・伊予親王

### 桓武天皇の皇子たち

桓武天皇は、記録に残っているだけでも、皇后藤原乙牟漏（良継の女）、妃酒人内親王（光仁天皇皇女）、夫人藤原旅子（百川女）・藤原吉子（是公女）・多治比真宗・藤原小屎（鷲取女）、女御紀乙魚・百済王教法・橘御井子・藤原仲子（家依女）・橘常子・藤原正子（清成女）、宮人坂上又子・坂上春子・藤原河子（大継女）・藤原東子（種継女）・藤原平子（乙叡女）・紀若子・藤原上子（小黒麻呂女）・橘田村子・河上真奴・百済王教仁・百済王貞香・中臣豊子、女孺多治比豊継・百済永継といった二十六人の后妃から、合わせて十六人の皇子と十九人の皇女を儲けた。

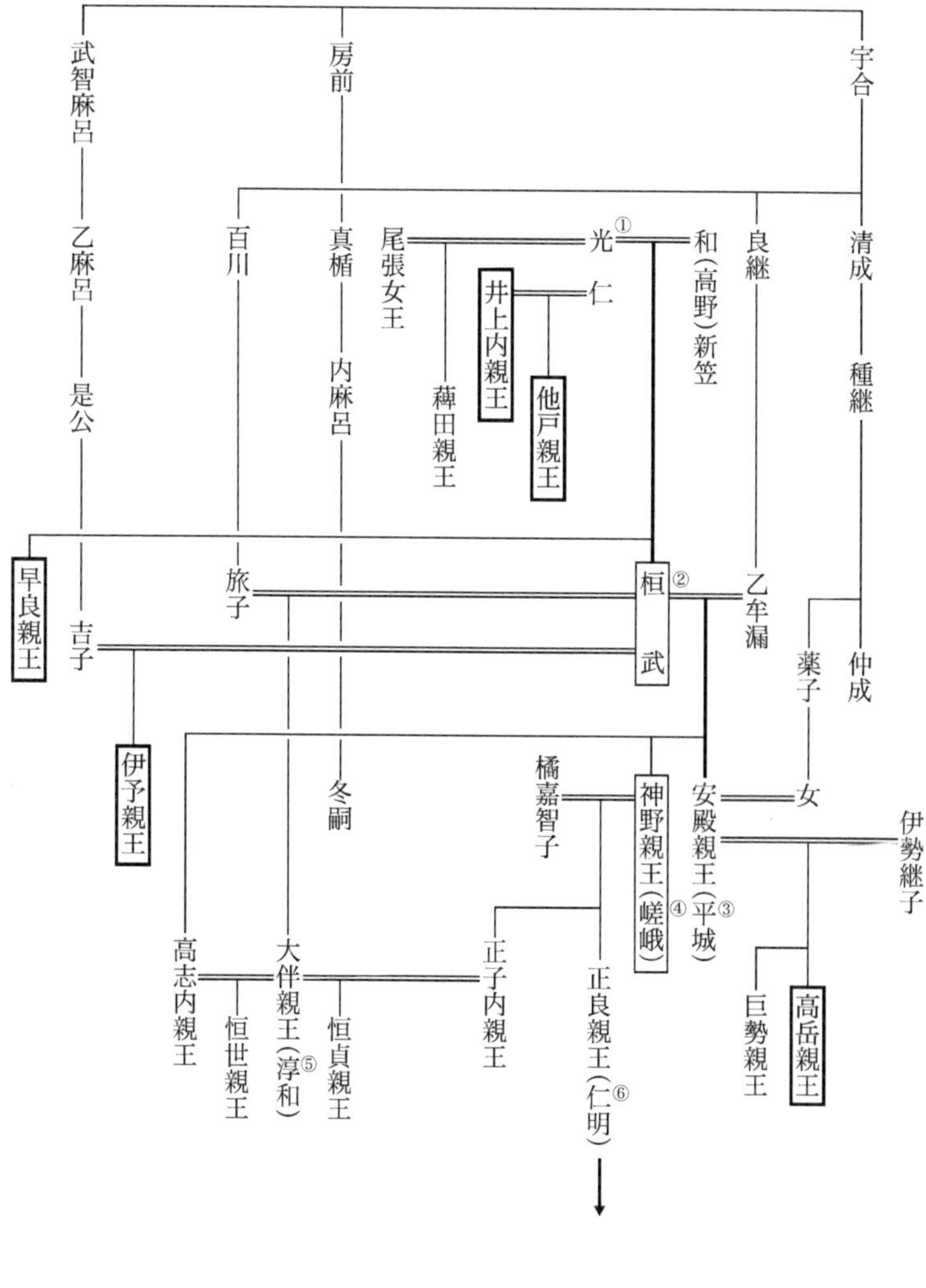


（数字は即位順、太線は嫡流、■は不慮の死を遂げた皇子）

これらのうち、皇位継承に関係する親王宣下を受けた皇子に限ると、藤原乙牟漏から小殿（後に安殿）親王（後の平城天皇）と神野親王（後の嵯峨天皇）、藤原旅子から大伴親王（後の淳和天皇）、藤原吉子から伊予親王、多治比真宗から葛原親王（桓武平氏の祖）・佐味親王・賀陽親王・大徳親王、藤原小屎から万多親王、坂上春子から葛井親王、藤原河子から仲野親王、紀若子から明日香親王、河上真奴から坂本親王、百済王教仁から大田親王が生まれている。

中で生母の身位や外祖父の地位から、皇位継承に関わりそうなのは、藤原式家の乙牟漏から早く宝亀五年（七七四）に生まれていた小殿親王と延暦五年（七八六）に生まれた神野親王、藤原式家の旅子から延暦五年に生まれた大伴親王、藤原南家の吉子から延暦二年（七八三）に生まれた伊予親王くらいであろうか。

これらの桓武皇子とその後継者をめぐって、平安初期の皇位継承争いが繰り広げられることになる。

### 早良親王立太子

その争いが始まる前、桓武の東宮は、皇太弟早良親王であった。生母は桓武と同じ百済系の和（高野）新笠である。天智の曾孫であるという立場から、皇位継承には縁がないと見切り、幼くして東大寺羂索院に入って出家し、後に大安寺東院に移って「親王禅師」と称されていた。

宝亀元年（七七〇）に父である白壁王が即位し（光仁天皇）、天応元年（七八一）に同母兄の山部親王が即位すると（桓武天皇）、早良親王の運命も急転した。

桓武即位の翌日、早良親王は立太子した。時に三十二歳。それに伴って還俗させられている。桓武の長子である小殿親王は、当時八歳で、まだ立太子するには若過ぎた。かといって、施基親王の孫（つまり光仁の姪）である尾張女王から生まれた稗田親王（時に三十一歳）を皇太弟に立てると、桓武生母の出自の低さに注目が集まってしまう。そこで早良親王を立太子させることで、和（高野）新笠の権威を高め、新笠の子孫に皇位継承者を限定するという意思を示したものであるという意見もある（西本昌弘『早良親王』）。当然ながら、早良親王には妻子はなく、小殿親王への中継ぎという意味も含めて、皇太弟早良が誕生したのである。

しかしながら、同じく中継ぎの天皇であった光仁がそうであったように、時間の流れと共に、当初の皇位継承構想は、変更を余儀なくされ、やがて破綻していく。早良親王にも、それまでの歴史が示してきたのと同じ運命が待ち構えていたのである。

### 早良親王廃太子

延暦二年（七八三）、まず桓武は第一皇子の小殿親王の名（乳母氏である安倍小殿氏に因む）を安殿親王（高貴を表わす「貴（あて）」）に改めたうえで、その生母である夫人藤原乙牟漏を皇后に立て、同日、その祝宴に際して、式家の種継を従三位に昇叙した。

乙牟漏の立后によって、皇太弟早良への兄弟継承を目指す勢力と、藤原式家の生母を持つ桓武の嫡系皇子である安殿親王への嫡子継承を目指す勢力との間の抗争が、目前に迫ってきていることが明らかになった。そして藤原氏官人の中でただ一人、種継が叙位に与ったということは、彼が太政官の上席にある南家の是公と継縄を差し措いて、藤原氏の実質的な中心として桓武の権臣となったことを宣言するものであった（倉本一宏『藤原氏 権力中枢の一族』）。

明けて延暦三年（七八四）正月、北家の小黒麻呂と式家の種継が、並んで中納言に昇任した。種継は任官時期からも年齢からも最末席の参議から一挙に五人を越任したもので、これで公的な地位も手にしたことになる。

種継の推進した事業は、暗黙裡に進行していた安殿親王への皇太子の交代を除けば、長岡遷都であった。まったくの新皇統を創出した桓武としてみれば、皇統の祖として新都に移ろうと考えたのであろう。

延暦四年（七八五）に入っても、長岡京は完成を見ず、昼夜兼行の突貫工事が続いていた。そして九月二十三日の亥剋（午後九時から十一時）、造宮現場で工事を督促していた種継が、二人の賊に射られて両箭が身を貫き（『日本紀略』）、その矢傷が原因となって翌日に死去した。『日本紀略』（つまり削除前の『続日本紀』）によると、計画は八月二十八日に死去していた大伴家持を首謀者として（事実かどうかは不明）、種継を暗殺し、桓武を殺害して、早良皇太子を即位させようというものであり、早良親王はこの計画を許可したという。

皇太弟早良がこの陰謀に関係していたということは、安殿親王を立太子させたい桓武にとっては、まさに願ってもない陰謀であり（桓武の願うような「自白」が行なわれた可能性が高いが）、九月二十八日、早良親王は乙訓寺（現京都府長岡京市）に幽閉された。早良親王は抗議のために十余日、絶食したとあるが、飲食を与えられなかった可能性が高い（西本昌弘『早良親王』）。

乙訓寺

## 早良親王の死

そして淡路に配流される移送中の十月十七日に、淀川下流の高瀬橋（現大阪府守口市）付近で死去した。それでも屍は淡路に送られたが、これが後に桓武自身や十一月に立太子した安殿皇太子にどのような災厄をもたらすことになるのか、誰にも想像できなかったであろう。

安殿親王が立太子した同じ月、桓武は長岡京の郊外で日本史上はじめての郊祀を行なった。二年後、桓武は光仁を施基親王の墓がある田原に改葬し、二度目の郊祀および安殿親王の元服を行なった。桓武はこれら一連の行動によって、施基―光仁―桓武―安殿と、父系のみの直系継承である新たな皇統秩序を生み出そうとしていたという可能性もある（龔婷「桓武天皇の皇統意識」）。

その後、延暦五年に安殿皇太子の同母弟として、皇后乙牟漏から神野親王（後の嵯峨天皇）が生まれ、百川（式家）長女の藤原旅子が延暦五年に夫人として入内し、同年、大伴親王（後の淳和天皇）を産んだ。桓武の意図とは裏腹に、安殿親王の次代候補として、やがてこれらの皇子が成長していくこととなる。

一方、延暦七年（七八八）に旅子、延暦八年（七八九）に桓武生母の和（高野）新笠、延暦九年（七九〇）に乙牟漏が、相次いで死去してしまった。安殿皇太子の病悩も併せ、これらは早良親王の怨霊のせいであると認識された。これが日本における怨霊の誕生である。

## 早良親王の慰霊

延暦十九年（八〇〇）に至り、早良親王は崇道天皇と追称され、その淡路国津名郡の墓（現兵庫県淡路市仁井）は山陵とされた。延暦二十三年（八〇四）の年末には桓武自身も大病に罹り、翌延暦二十四年（八〇五）には、諸国に崇道天皇のための稲倉を建てさせ、崇道天皇を国忌・奉幣の列に加えている。なお、井上内親王や大伴家持も復権を果たしている。怨霊に恐怖する桓武の思いが見て取れるようである。崇道天皇陵も淡路から大和の八島陵（現奈良市八島町）に改葬された。ただ、平安京のある山城ではなく大和である点に、桓武の恐怖が見え隠れしていると言えよう。

なお、現在の八島陵は、幕末の文久三年（一八六三）に治定されて津藩主の藤堂高猷の申請で修陵され、明治以降に現在地に移されたものである。昭和天皇の晩年、一九八五年（昭和六十）にも、「崇道天皇山陵千二百年式年祭」がとりおこなわれたとの由である（西本昌弘「早良

「崇道天皇八島陵」

親王と崇道天皇御霊」）。

しかし、その甲斐もなく、延暦二十五年（大同元年、八〇六）、桓武は七十年の生涯を閉じた。後を嗣いだ平城天皇は、八島陵の近辺に陵寺として八島寺を創建した。その周辺には崇道天皇を主祭神とした崇道天皇社が祀られ、現在も各地に存在する。京都市左京区上高野の崇道神社は、崇道天皇の霊を慰めるために貞観年間（八五九～八七七）に創建されたものである。

## 伊予親王の「謀反」

そのような不穏な雰囲気のなか、大同二年（八〇七）十月、北家の藤原宗成が桓武第三皇子（平城天皇の異母弟）の伊予親王に謀反を勧めているということを聞いた南家の大納言藤原雄友が、それを北家の右大臣藤原内麻呂に告げた。伊予親王も、宗成が自分に勧めた謀反の状を急ぎ平城に奏上したので、宗成を左衛士府に

崇道神社

検束し、尋問が行なわれた。

しかし宗成は、計画の首謀者は伊予親王であると「自白」し、安倍兄雄らが兵百五十人を率いて親王の邸第を囲み、親王を捕えた。十一月に伊予親王と生母の吉子（是公の女で雄友の妹）は川原寺（弘福寺）に幽閉され、飲食を断たれた。親王の地位を廃された翌日、母子は薬を仰いで自殺した。時の人はこれを哀れんだという。雄友も連坐して伊予国に流罪となり、中納言藤原乙叡も解官され、宗成らも配流された。

この事件は、式家の藤原仲成が宗成を操って、南家の勢力を一気に貶しめたものとされている。また、平城天皇とその側近の対立者である藤原雄友らを朝廷から排除して、皇太弟神野親王の勢力を抑える意図のもとに起こされたものであった（目崎徳衛「平城朝の政治史的考察」）。後に伊予親王は無実とされ、弘仁十年（八一九）に親王号を復された。弘仁十四年（八二三）

「伊予親王巨幡墓」

には三品中務卿の官位を復され、承和六年（八三九）に一品が贈られている。

現在、遠山黄金塚二号墳（現京都市伏見区桃山町遠山）が伊予親王巨幡墓に治定されているが、実際には古墳時代中期の墳丘長一二〇メートルの前方後円墳で、後円部の一部が伊予親王墓として整備されたものである。

## 2　平城天皇と阿保親王・高丘親王

### 平城天皇と皇位継承

即位した平城天皇には、大宅内親王・朝原内親王という桓武皇女と、式家の藤原百川の女である帯子が後宮にいたが、いずれも皇子を産むことはなく、皇統の嫡流の座から外れた。特に朝原内親王は井上内親王を通して聖武の血も受け継いでおり、桓武が父系にも母系にも自分の血を引く天皇の出現による皇位継承構想を

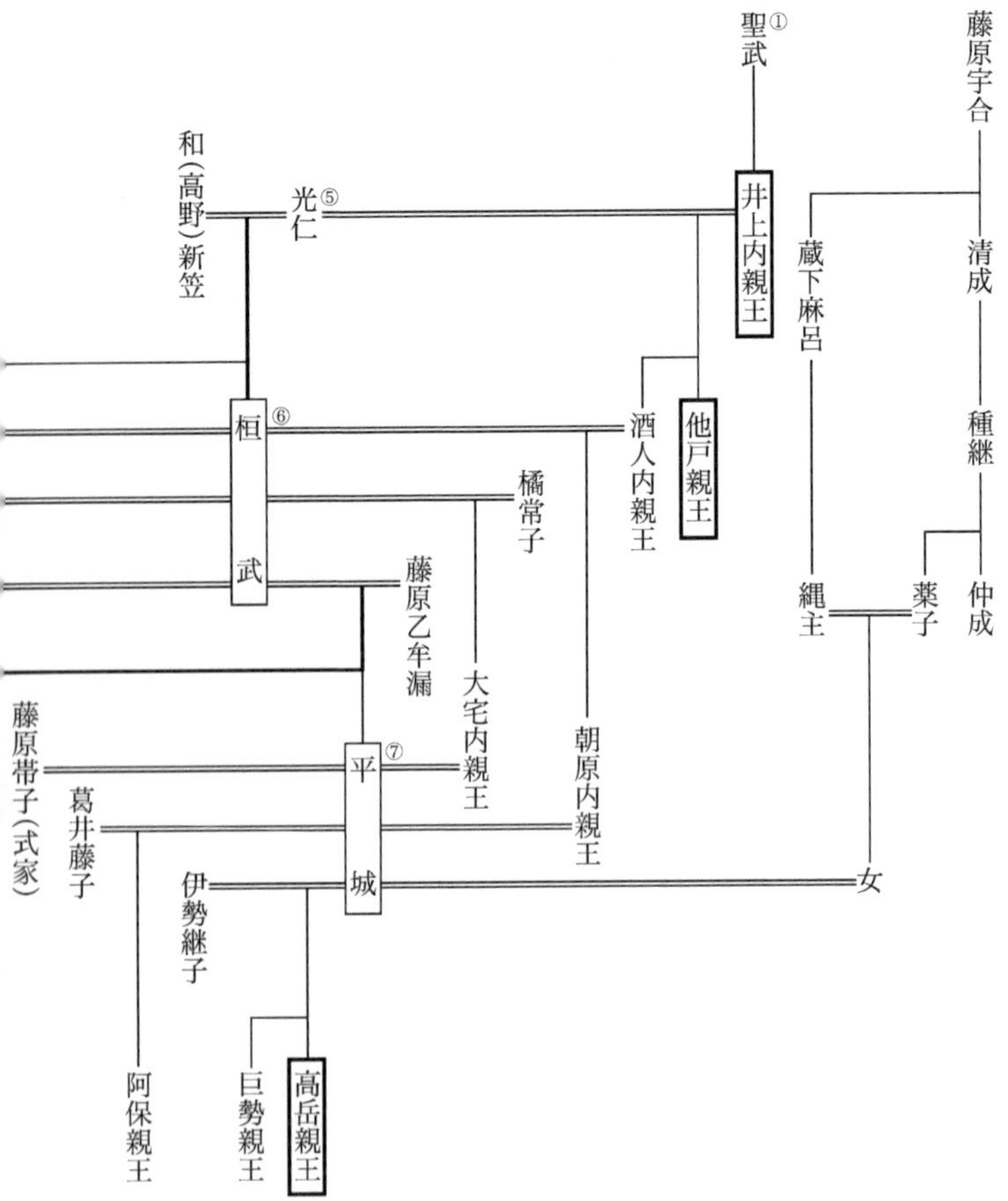


(数字は即位順、太線は嫡流、□は不慮の死を遂げた皇子)

持っていたという考えもある（春名宏昭『平城天皇』）。そうすれば、天武系・天智系を統合した新たな嫡流皇統の創出となるはずであった。二人の内親王が皇子を産まなかった場合には、百川の女である帯子所生の皇子が皇位を嗣ぐのが第三の選択肢であったという（河内祥輔『古代政治史における天皇制の論理』）。

　しかし、平城はこれら様々な可能性の皇位継承構想に、すべて反旗を翻した。この三人から皇子女が生まれることはなく、平城は、身分の低い葛井藤子（河内国の百済系渡来氏族出身）から延暦十一年（七九二）に阿保親王、伊勢継子（伊勢国の中臣氏出身）から延暦十八年（七九

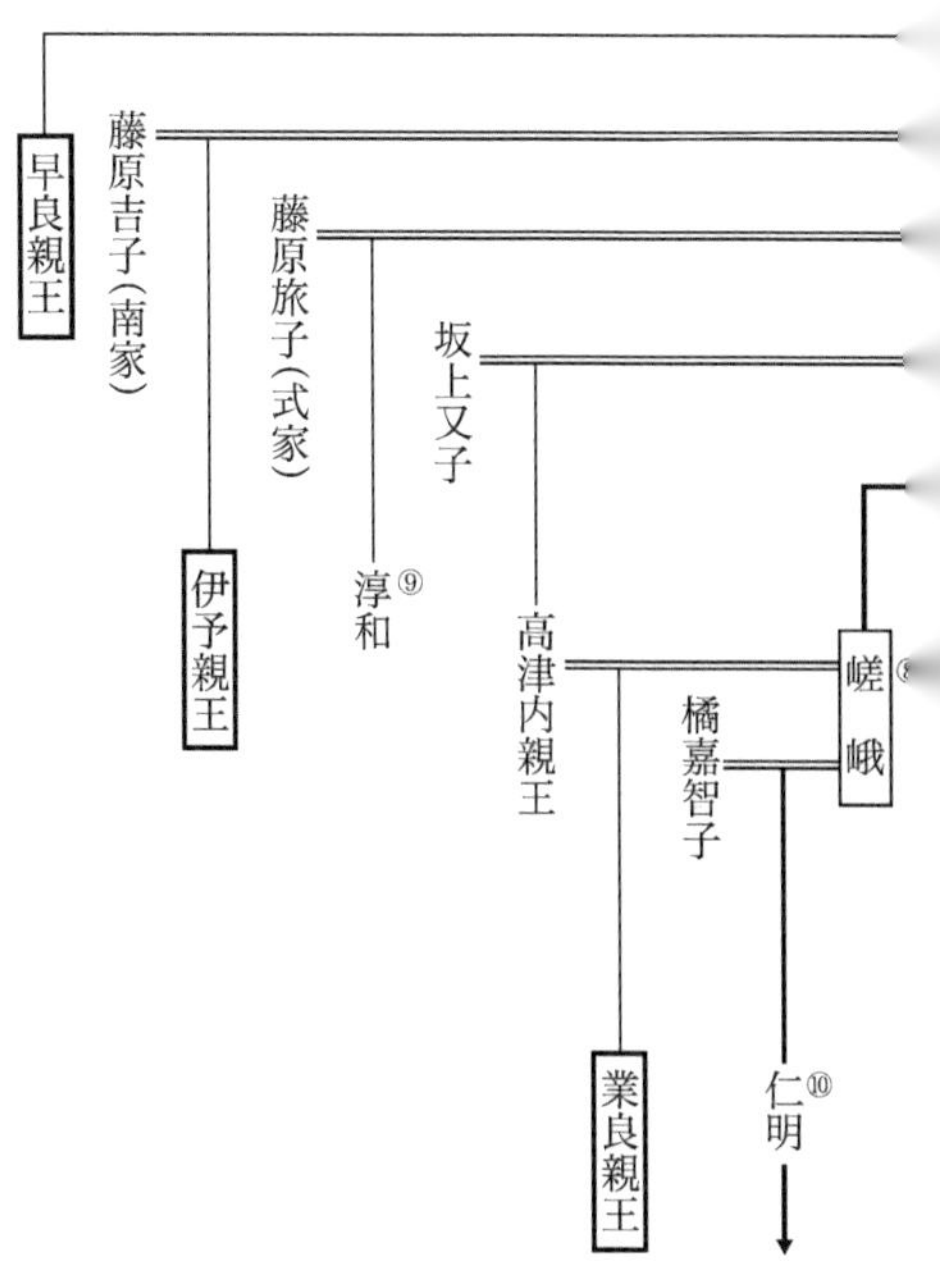

九）に高岳親王、次いで巨勢親王を誕生させた。これは個人的な好みの問題でなく、后妃の懐妊の「可能性」を選別した、平城の政治的選択と見るべきであろう。

### 高岳親王の立太子

そして、大同三年（八〇八）の春から「風病」を病んでいた平城は、大同四年（八〇九）四月、突然に皇太弟神野親王に譲位した（嵯峨天皇）。この時の「風病」について、平城が精神的な疾患があって国政を怠りがちになっているため、天皇としては不適任だと評価する考え方については、はっきり否定しておきたい（倉本一宏『平安朝 皇位継承の闇』）。

むしろ、自身の皇子である高岳親王を嵯峨の皇太子に立てるために、早期に譲位を行なったという側面が強いのであろう（河内祥輔『古代政治史における天皇制の論理』）。

しかしながら、奈良時代末期には都に上っていたとはいえ、元々は伊勢に下った中臣氏（中臣伊勢連）である木工頭伊勢老人の女で、正式な后妃ではなく宮人である継子から生まれた高岳親王の即位が、貴族社会で受け入れられる可能性は低かった。

その「政治改革」についても同様なのだが、どうも平城という人は、自己の信念に忠実なあまり、貴族社会の「共通の利害」に無頓着すぎるきらいがある。天皇は律令にさえ拘束されない権力を持つとはいえ、その権力は支配階級全体の利害を体現するためにこそ存在しなければならない。これからもしばしば出現するのだが、自己の信念を貫徹しようとする「やる気の有りすぎる天皇」は、不幸な結末を招くことになるのである。

## 「平城太上天皇の変」（「薬子の変」）と高岳親王

そのような雰囲気の中で起こったのが、「平城太上天皇の変」（「薬子の変」）である。この事変の本質は、春名宏昭氏が断じられたように、嵯峨天皇の政権が平城太上天皇の専制的な国政運営を押し止めるために起こしたクーデターであろう（春名宏昭『平城天皇』）。

大同四年（八〇九）七月から嵯峨も体調を崩し、大同二年（八〇七）に謀反の疑いで幽閉されて服毒死した伊予親王や、早く延暦四年（七八五）に廃太子されて絶食死した早良親王、さらには平城や嵯峨の生母である藤原乙牟漏の霊を鎮撫する措置がとられている。

翌弘仁元年（八一〇）になっても嵯峨の病悩は回復せず、七月に嵯峨は内裏を出て東宮に遷御した。同時に平城に神璽を返し、退位しようとしていることを、後の淳和天皇への譲位詔で語っている。

これを平城が真に受けたとすれば、九月六日の平城の平城旧京への還都号令も、嵯峨の即位要請を承けたものであることになる。それに対し、嵯峨は、九月十日、遷都によって人々が動揺するというので伊勢・美濃・越前の三関を固め、宮中を戒厳下に置いた。そして藤原薬子の兄である仲成を拘禁し、薬子を官位剝奪・宮中追放に処し、仲成を佐渡権守に左遷した。

平安京の嵯峨政権の動きを知った平城は激怒し、畿内と紀伊の兵を徴発して、九月十一日の早朝に東国に赴こうとしたものの、翌十二日、平城の一行は大和国添上郡越田村（現奈良市北之庄町）で行く手を遮られた。平城は平城宮に引き返して剃髪、薬子は服毒自殺した。

九月十三日、嵯峨は、平城の一行に従った官人の罪を不問に付すと共に、皇太子高岳親王を廃し、皇太弟に大伴親王（後の淳和天皇）を立てた。もちろん、高岳親王には何の罪もないのだが、この迅速にして果断な処置が、この事変の本質を雄弁に物語っていると言えよう。

このように、事の本質は、あくまで皇位継承問題であった。病悩している嵯峨が譲位すれば、このままでは高岳親王が即位する。そうすれば、天皇の父として、平城太上天皇はより大きな政治力を手に入れてしまうと官人たちが考えたとしても不思議ではない。

嵯峨としても、高岳親王が即位した後の皇太子に自分の皇子を立ててくれる保証はなく、ここで平城の皇統を排除したうえで、高岳親王に替えて弟の大伴親王を皇太弟に立てれば、その次に自分の皇子にまわってくる公算も高い。この事変には、病床にあったはずの嵯峨の思惑も見え隠れする。

先にも述べたように、平城の皇子たちは、いずれも地方に下った氏族や渡来系氏族出身の卑母を持ち、藤原氏とは血縁関係にも姻戚関係にもない。これでは畿内の支配者層に対しては、即位の説得力に乏しい。高岳親王を排除する理屈は、誰にも受け容れられやすいものだったはずである。

高岳親王は出家して東大寺に入り、真忠、後に真如と名のった。道詮に三論宗、空海に密教を学び、貞観四年（八六二）に僧俗六十人を率いて入唐した。さらに三人の従者と共に天竺に向かい、貞観七年（八六五）頃に羅越国（マレー半島南部）で（一説には「虎害」によって）客死した。六十七歳前後であった。

なお、巨勢親王はまだ幼少であったので、処罰を受けていない。もちろん、その後は不遇で、七十二年後の元慶六年（八八二）に、無品のままで死去している。

## 承和の変と阿保親王

嵯峨の次の淳和・仁明天皇の時代における皇位継承については、後に述べることとするが、嵯峨皇統と淳和皇統のどちらが嫡流となるかについて、相当な神経戦が繰り広げられたという（坂上康俊『律令国家の転換と「日本」』）。

その後、承和七年（八四〇）に淳和太上天皇が死去したのに続いて、承和九年（八四二）七月十五日に嵯峨太上天皇が死去すると、事態は一挙に動き出した。承和の変の始まりである。

詳細は後に述べるが、十七日、平城皇子の阿保親王が皇太后 橘 嘉智子に封書を送り、春宮帯刀である伴健岑と橘逸勢が恒貞皇太子を奉じて東国に向かおうとしていることを密告したのである。二十三日には恒貞親王の廃太子が宣下され、関係者が処罰された。この直後、逸勢は八月十三日、阿保親王は十月二十二日に死去している。

阿保親王も春宮亮 葛井道依の女で宮人に過ぎない藤子から、第一皇子として生まれたものの、皇太子の座は異母弟の高岳親王にさらわれ、「平城太上天皇の変」に連坐して、大宰権帥に貶流されていた。天長元年（八二四）に平城の死去により帰京を許され、治部卿・宮内卿・兵部卿・上野太守・弾正尹などを歴任した。順調に官僚社会で地歩を築いていたかの観もあるが、やはり平城の皇子として、その後の宮廷社会を生きていくのは辛かったのであろう。承

「阿保親王墓」

和の変が大規模な謀反計画であったはずはなく、伴健岑から未熟な計画あるいは煽動程度の言葉を洩らされ、保身のために密告に及んだのであろう（目崎徳衛「在原業平の歌人的形成」）。

承和の変の発端を作って、嘉智子所生の仁明皇統に恩を売ったものの、その直後に急死してしまった。五十一歳。恒貞親王の廃太子や逸勢の横死をはじめとする関係者の残酷な運命で強烈な打撃を受け、たとえ自殺でなくとも、少なくとも精神的には自殺に近かったのではないかという推測もある（目崎徳衛「在原業平の歌人的形成」）。承和の変の「功績」により、一品を追贈されている。

なお、阿保親王の墓としては、摂津の打出の浜に別邸があったということで、それを望む金津山古墳（現兵庫県芦屋市春日町）が治定されている。実際には、墳丘長五五メートルの五世紀後半に築造された前方後円墳である（三角縁神獣鏡が出土している）。

なお、拝所の両側に石燈籠があるが、これは長州藩主毛利家の寄進によるものである。毛利家は阿保親王の子とも称される大江音人の末裔を称したので、毛利家は阿保親王を祖先として崇めたことによる。

### 在原氏について

天長三年（八二六）以前に高岳親王の子、天長三年に阿保親王の子に在原朝臣が賜姓され、平城の子孫は臣籍に降下した。これで将来にわたって平城系は皇位継承を放棄させられたことになる。

高岳親王系の在原氏は振るわなかったが、阿保親王の第三子である在原行平は中納言に上った。第五子に在原業平がおり、これも藤原良房のために立太子できなかった文徳天皇第一皇子の惟喬親王に接近し、清和天皇女御の藤原高子（陽成天皇の生母）や斎宮恬子内親王との関わりや、各地への放浪説話が『伊勢物語』に語られることとなる。

## 3　淳和天皇と恒世親王・恒貞親王

### 淳和天皇の皇子たち

「平城太上天皇の変」の結果、皇太子高岳親王に替えて、嵯峨天皇の異母弟の大伴親王が皇太弟に立てられた。大伴親王は生母が藤原式家の百川の女の旅子である。

大伴親王は、すでに延暦二十三年(八〇四)に桓武皇后藤原乙牟漏所生の異母妹である高志内親王を妃とし、延暦二十四年(八〇五)に第一皇子恒世親王が生まれていた。ただし、高志内親王はその後、三人の皇女を産んだ後、大同四年(八〇九)に二十一歳で死去していた。

嵯峨は弘仁十四年(八二三)に皇位を大伴親王に譲った(淳和天皇)。淳和は恒世親王を皇太子に立てようとしたが、恒世親王がこれを固辞し、代わって嵯峨皇子の正良親王(後の仁明天皇、母は橘嘉智子)が皇太子となった。

その頃、嘉智子所生の正子内親王が、淳和の後宮に入内した。正子内親王は天長二年(八二五)に恒貞親王、天長四年(八二七)に基貞親王、天長七年(八三〇)に恒統親王を産んだ。天長四年には皇后に立てられている。

他に宮人の大中臣安子から第五皇子良貞親王が生まれているが、嘉祥元年(八四八)に死去している。

## 恒世親王の死と恒貞親王の立太子

淳和は正良親王の次には恒世親王をと期待していたはずであるが、恒世は治部卿や中務卿を勤めた後、天長三年(八二六)に死去してしまった。二十二歳であった。

淳和にはちょうど恒貞親王が生まれたばかりであり、この後、嵯峨皇統と淳和皇統のどちらが嫡流となるかは、決着が付いていなかった。

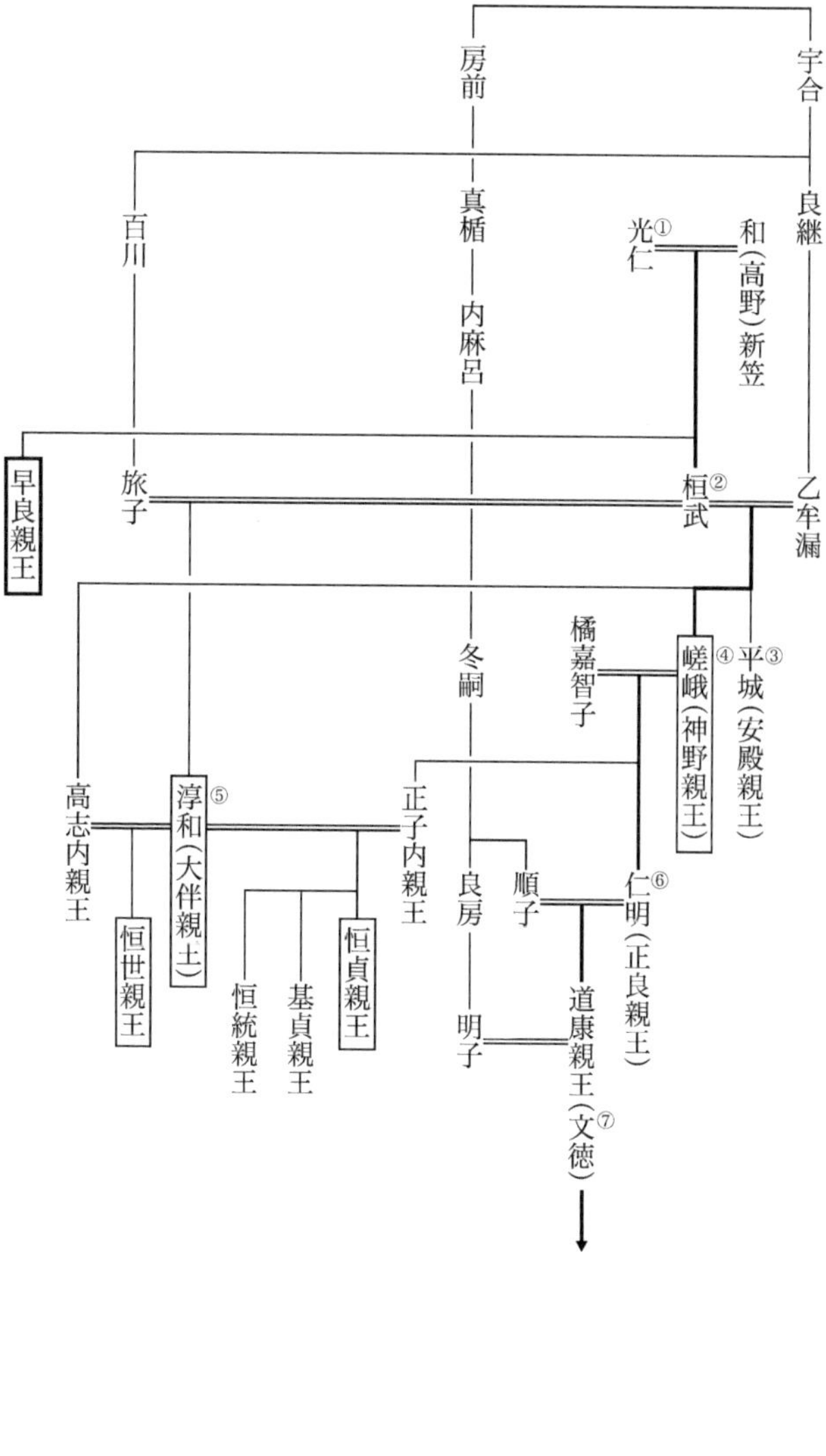


（数字は即位順、太線は嫡流、□は不慮の死を遂げた皇子）

そして天長十年（八三三）二月、淳和は譲位して淳和院（現京都市右京区西院高山寺町）に移り、正良親王が即位し（仁明天皇）、その皇太子には恒貞親王が立てられた。桓武皇子と嵯峨皇女（しかも生母は嘉智子）との間に生まれた恒貞親王は、性寛雅にして容姿端麗、挙止閑麗と賞讃された人物であった。両皇統を繋ぐ皇子として、宮廷社会からの期待も大きかったであろう。これで平穏に平安京での日々が続くかに思われたが、しかしそれは、嵯峨太上天皇が存命している間のことに過ぎなかった。

### 承和の変と恒貞親王

承和七年（八四〇）に淳和太上天皇が死去して大原野の西山（現京都市西京区大原野南春日町の小塩山）山頂付近で散骨されたのに続いて、承和九年（八四二）七月十五日に嵯峨太上天皇が嵯峨院（現京都市右京区嵯峨大沢町）で死去すると、十七日、平城皇子の阿保親王が嘉智子に封書を送り、伴健岑と橘逸勢の謀反を密告した。嘉智子はこれを良房に送り、良房が仁明天皇に奏上させた。

すぐに関係者が逮捕され、二十三日には、恒貞親王の廃太子と、大納言藤原愛発・中納言藤原吉野・参議文室秋津の左遷が宣下された。「皇太子は知らなかったにしても、悪者に皇太子が煽動された事件のことは、古くから伝えられている」という言葉が、事件の本質を表わしている。健岑と逸勢は二十八日に流罪となった一方、事件の処理にあたった良房は、二十五日に大納言に上っている。また、東宮坊の官人が全員、二十六日に左遷されているが、その中には

大覚寺宸殿

式家の者が五人含まれていた。

恒貞親王は出家し、淳和院東の亭子に住み、世に亭子親王と称された。深く仏教に帰依し、嘉祥二年（八四九）に落飾して恒寂と号した。清和天皇の勅によって真如法親王（高岳親王）から両部の灌頂を受け、貞観十八年（八七六）に正子内親王が嵯峨院を改めて大覚寺とすると同時に開山となり、初代門跡となった。元慶八年（八八四）、衣服を浄め仏前に香華を供え、西に向かって結跏趺坐したまま入寂した。

### 新嫡流の誕生

話を戻すと、承和九年八月一日、新しい皇太子を定めるよう、公卿が上表し、四日、良房の妹順子を生母とする道康親王（後の文徳天皇）が皇太子に立てられた。ここに両皇統の迭立状態は解消して新嫡流が誕生し、また藤原氏内部における良房の優位が確定したのである。

# 4　仁明天皇と人康親王

## 仁明天皇の皇子たち

新嫡流の形成を期待された仁明天皇には、名前のわかっているだけでも、六人の女御と二人の更衣、それに五人の宮人と一人の女嬬から、十四人の皇子が生まれている。

しかし、天長十年（八三三）に即位すると、承和元年（八三四）、その時点までに生まれていた女御（後に皇太夫人・皇太后）藤原順子所生の第一皇子道康（後の文徳天皇）、女御藤原沢子所生の第二皇子宗康・第三皇子時康（後の光孝天皇）・第四皇子人康を親王としたうえで、翌承和二年（八三五）に他の皇子に対して源氏賜姓の勅を発した（倉本一宏『公家源氏』）。

親王宣下を受けた皇子の生母が皇太后や女御の藤原氏の后妃であるのに対し、源氏となった者の生母は、渡来系の山口氏、地方豪族の三国氏、他は不明と、いずれも出自の低いのが特徴である。こうして、既存の源朝臣（嵯峨源氏）に歴代天皇の子女を加えることで、賜姓源氏という擬制的同族集団が形成されていったのである（西村健太郎「源氏長者と氏爵」）。

ただ、その後に生まれた第五皇子本康（女御滋野縄子所生）、第六皇子国康（宮人藤原賀登子所生）、第七皇子常康（更衣紀種子所生）、第八皇子成康（女御藤原貞子所生）は、親王宣下を受けている。

これらの中で、天長四年（八二七）に生まれた第一皇子道康親王は、承和九年（八四二）の

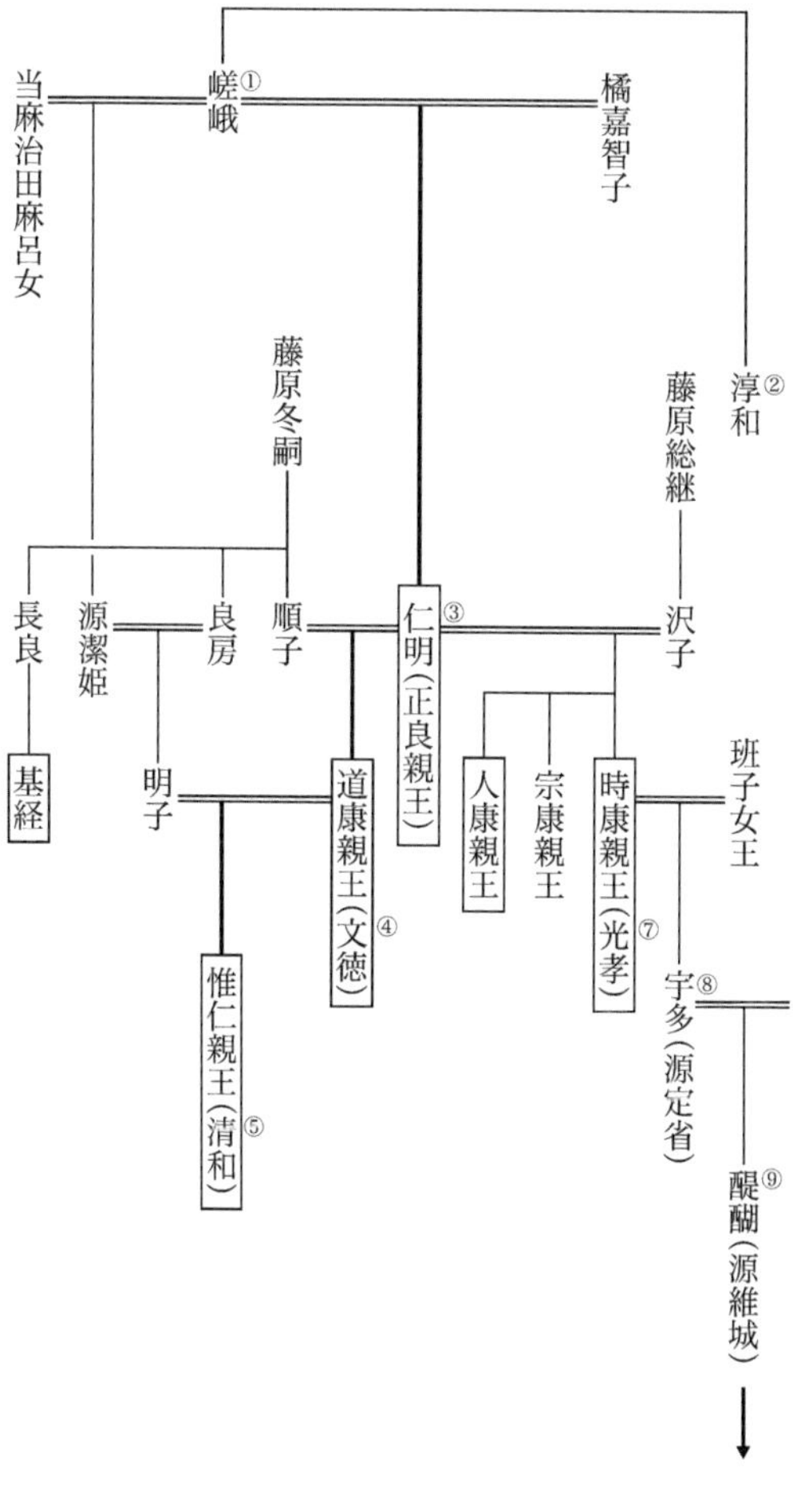


（数字は即位順、太線は嫡流、□は不慮の死を遂げた皇子）

承和の変の後、嫡子として立太子し、嘉祥三年（八五〇）に仁明の譲位によって践祚した（文徳天皇）。すでに東宮時代に良房の女の明子が入侍しており、践祚の四日後に惟仁親王（後の清和天皇）が生まれるなど、天皇家嫡流としての地歩を確実なものとしていた。

もう一人、結果的に即位できた第三皇子時康親王は、陽成天皇の退位という偶然の状況によって、老齢に至ってから即位することになったものであり、嫡系継承が行なわれていたこの時期にあっては、本来ならば「即位できない皇子」となるはずであった。この間の事情については、後に述べる。

## 人康親王について

最初に親王宣下を受けた四人のうち、即位できなかったのは宗康親王と人康親王ということになる。宗康親王は藤原沢子が産んだ最初の皇子である。沢子は元慶八年（八八四）に時康親王が即位して光孝天皇になった後、皇太后を贈られているが、元々は従五位下紀伊守で死去した藤原総継の女であって、それほど高い身分の人ではない（なお、総継も光孝の即位後に正一位太政大臣を追贈された）。時康親王をまったくの偶然とすると、沢子所生の皇子は、皇位継承からは遠い存在だったのである。

宗康親王は、七歳の時にはじめて父天皇に謁した。承和十年（八四三）に元服し、翌承和十一年（八四四）に四品に叙され、承和十二年（八四五）に大宰帥、嘉祥二年（八四九）に中務卿に任じられたが、すでに皇統は仁明―文徳―清和という嫡流が継承することが確定していた。

嘉祥三年（八五〇）に仁明の落飾入道に際し、宗康親王も二十三歳で出家入道した。貞観十年（八六八）に死去した。四十一歳であった。

人康親王は沢子所生の末子ということで、ますます皇位からは遠い存在であった。承和十二年（八四五）に元服し、三年も経った嘉祥元年（八四八）に四品に叙され、嘉祥二年（八四九）に上総太守、仁寿二年（八五二）に弾正尹に任じられ、斉衡四年（八五七）に常陸太守を兼ねた。太守というのは、いわゆる親王任国で、守である親王は任国に赴任せずに政務に関わらず、介が受領を務め、太守は公廨稲の配分のみを受けるという地位である。

少年の頃より大乗道に帰依したいとの本意を持っていたというが、貞観元年（八五九）、病によって出家した。法名は法性。出家後は諸羽山の麓（現京都市山科区四ノ宮）に山荘を造営して隠棲し、山科宮と称した。この山荘は川を走らせ滝を造るなど趣深く造られていたという（『伊勢物語』）。現在、諸羽神社の一部境内を含む南西側が、「人康親王山荘跡」とされている。

なお、人康親王が盲目であり琵琶の名手という伝承から、蟬丸を人康親王と同一人物とする説もある（兵藤裕己『琵琶法師』）。徳林庵地蔵堂（現京都市山科区四ノ宮泉水町）には、四の宮明神と人康親王・蟬丸を祀る供養塔がある。

それはさておき、人康親王は貞観十四年（八七二）に死去した。四十二歳。十禅寺（現京都市山科区四ノ宮泉水町）の東北隅に人康親王墓と称する小円墳があり、宝篋印塔が置かれているが、近代に治定されたものである。なお、一帯の地名を四ノ宮というのは、人康親王が第四皇子であったことに因むものである。

人康親王山荘跡

人康親王の子女には、興基(おきもと)王・興範(おきのり)王・興扶(おきすけ)王、藤原基経(もとつね)と結婚して時平(ときひら)・忠平(ただひら)・穏子(おんし)を産んだ女子がいる。男子はすべて源朝臣を賜姓され、二世仁明源氏(にんみょうげんじ)となった。

## 時康親王の僥倖

先にも述べたように、元慶八年（八八四）二月、陽成は十七歳で退位させられ、代わりに基経によって仁明天皇の皇子で二世代も遡(さかのぼ)る五十五歳の時康親王が擁立された（光孝天皇）。

　基経としては、高齢の光孝の後には、女の佳(か)珠子(ずし)が産んだ清和皇子の外孫貞辰(さだとき)親王（陽成退位時に十一歳）を擁立し、自らは摂政(せっしょう)の座に就くことを予定していたはずである。再び皇統を嫡流に戻そうとしていたわけである。

　光孝も、それはわかっていたのであろう、元慶八年四月、自らの皇子女すべてを臣籍(しんせき)に下すことを宣し、六月に源朝臣の姓を賜(たま)わった。当然、光孝は死の直前まで皇太子を立てていない。

しかし、この光孝の子孫が、結果的には新皇統となって、現在まで続くことになるのである。

# 第五章　前期摂関政治と皇子

嘉祥三年（八五〇）に道康親王が即位し（文徳天皇）、藤原良房は生後八箇月の惟仁親王（良房の女明子所生、後の清和天皇）を皇太子に立てた。そして文徳が死去すると、九歳の幼帝清和が誕生した。良房は外祖父として天皇大権を代行し、実質上の摂政の役割を果たした。

清和の後宮に入内した藤原基経（良房養子）妹の高子は、貞明親王（後の陽成天皇）を産んだ。陽成は九歳で即位したが、その八年後に基経は陽成を退位させ、代わりに仁明皇子で二世代も遡る五十五歳の時康親王を即位させた（光孝天皇）。

仁和三年（八八七）、光孝は臣籍に降下させていた源定省を親王に復し、定省親王は践祚して宇多天皇となった。宇多は菅原道真を重用して国政改革に乗りだした。宇多を嗣いだ醍醐天皇は道真を左遷し、藤原時平、後には藤原忠平を用いて、新しい国家体制を完成させた。

## 1　文徳天皇と惟喬親王

### 文徳天皇の皇子たち

嘉祥三年（八五〇）に即位した文徳天皇は、女御八人、更衣一人、宮人九人から、十三人の皇子と十七人の皇女を儲けた。そして仁寿三年（八五三）、文徳は源氏賜姓の勅を発した。嵯峨天皇の先例を踏襲したものである。その結果、皇子八人、皇女七人が源氏とされた。

親王宣下を受けた皇子は五人、出生順に、更衣紀静子（紀名虎女）から生まれた第一皇子惟喬親王と第二皇子惟条親王、宮人滋野奥子（滋野貞主女）から生まれた第三皇子惟彦親王、女御（後に皇太后）藤原明子（藤原良房女）から生まれた第四皇子惟仁親王（後の清和天皇）、宮人藤原今子（藤原貞守女）から生まれた第五皇子惟恒親王である。

女御の中には、藤原冬嗣女の古子、藤原良相女の多賀幾子などの有力者の女もいたが、それらからは皇子女は生まれていない。

## 文徳天皇の後継者

文徳が嘉祥三年四月に即位した段階で、すでに同年三月に良房の女である明子から惟仁親王が生まれており、順調に皇位を継承させるものと思われた。しかし、文徳には、すでに紀名虎の女の静子から惟喬親王（当時七歳）と惟条親王（当時五歳）、滋野奥子から惟彦親王（当時一歳）が生まれており、第四皇子惟仁の将来も楽観できるものではなかった。

ただ、名虎はすでに承和十四年（八四七）に正四位下散位で死去しており、嫡子の有常も文徳の即位と共に蔵人兼左近衛将監に任じられた程度の微官であった（最終的にも従四位下周防権守）。このように、惟喬親王の後見は弱く、惟仁親王に比肩できるものではなかった。

文徳は鍾愛する惟喬親王の立太子を望んでいたが、良房の威を憚って実現しなかったとの説話が『江談抄』などに見える。『大鏡裏書』の引く『吏部王記』には、文徳がまず惟喬親王を即位させ、惟仁親王が成長した後で皇位を嗣がせようとしたものの、良房の反対を危惧した源信の諫言により実現できなかったという故事も語られているが、ほとんど実現しそうにもない願望であった。

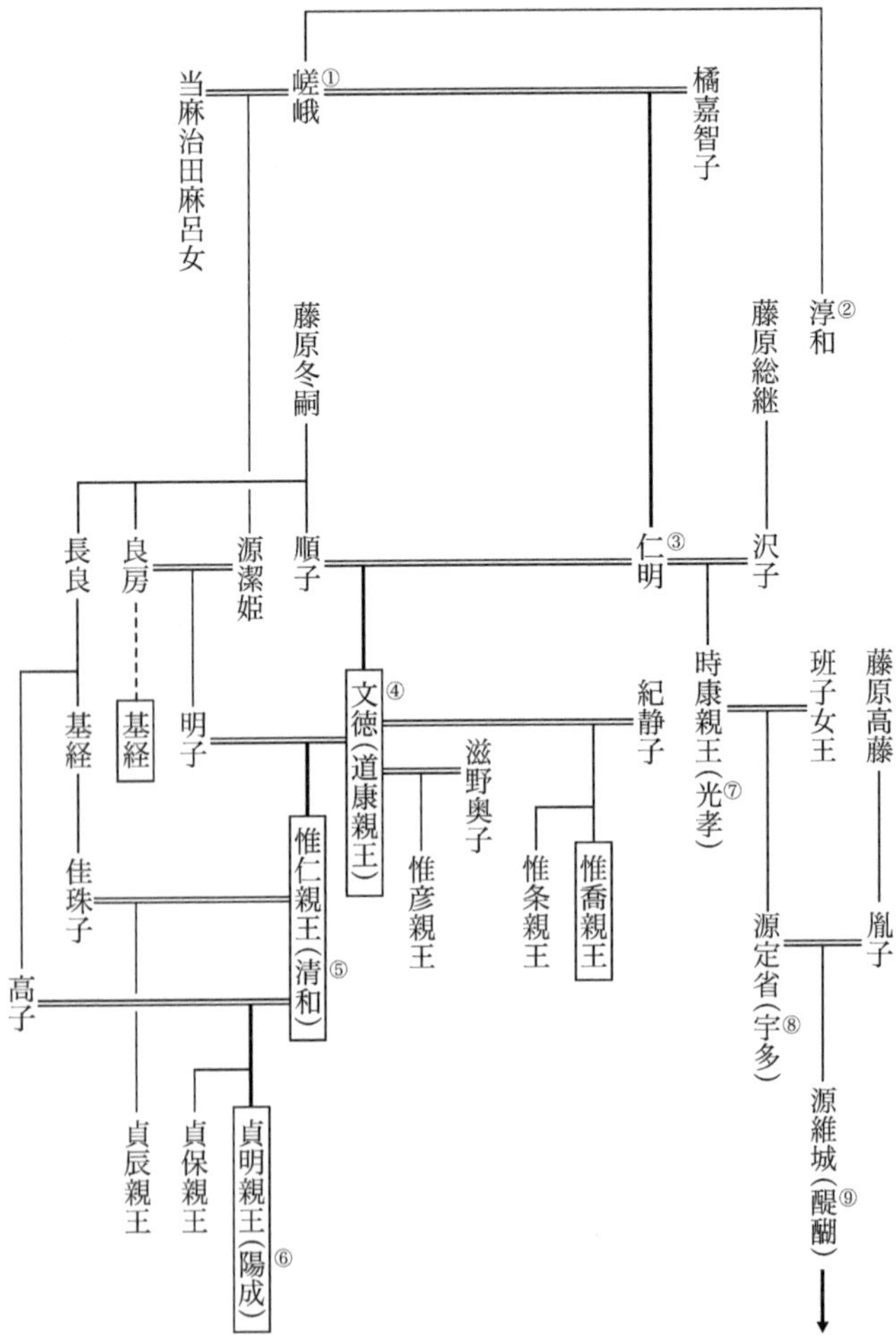


（数字は即位順、太線は嫡流、□は不慮の死を遂げた皇子）

立太子をめぐって、良房と名虎がそれぞれ真言僧の真雅と真済とに修法を行なわせたとか（『江談抄』）、競馬や相撲で決着を付けた（『平家物語』）という説話が作られたというのも、藤原氏の専権に対する反感、また皇位継承争いに敗れた惟喬親王に対する同情も与っているのであろう。

ということで、その年の十一月、生後八箇月の第四皇子惟仁親王が皇太子に立てられた。三人の兄親王を超越した立太子を風刺した「三超の謡」が歌われたと、惟仁親王が即位して清和天皇になった際の即位前紀は語る（『日本三代実録』）。ただ、文徳自身は病弱で、このまま若死してしまうと、赤子の天皇が即位することとなる。良房にとっても、頭の痛いことだったであろう。

後世、第一皇子敦康親王（藤原道隆女定子所生）と第二皇子敦成親王（藤原道長女彰子所生）のどちらを後継者にするかで悩んでいた一条天皇に対し、側近の藤原行成は、「皇統を嗣ぐのは、惟喬親王と惟仁親王の例でわかるように、皇子が正嫡であるか否かや天皇の優寵に基づくのではなく、外戚が朝家の重臣かどうかによるのである」と言って、敦成親王立太子にこぎつけている（倉本一宏『一条天皇』）。

### 惟喬親王のその後

その後、惟喬親王は天安元年（八五七）に元服と同時に四品に叙され、天安二年（八五八）に大宰帥、貞観五年（八六三）に弾正尹に任じられた。貞観六年（八六四）と貞観九年（八六

小野の里（横川元三大師道より）

七）に常陸太守を兼ね、貞観十四年（八七二）に上野太守を兼ねた。

その間、水無瀬（現大阪府三島郡島本町）や渚院（現大阪府枚方市渚元町）に赴いて鷹狩や桜狩をしたと『伊勢物語』に伝わるなど、遊宴に気を紛らせていたが、貞観十四年に病を理由として出家した。法名素覚。京都北東部の小野（現京都市左京区八瀬秋元町の長谷出）に隠棲し、寛平九年（八九七）に生涯を終えた。五十四歳。この間の在原業平（平城天皇の孫）との交流は、後に『伊勢物語』に語られることとなる。

忘れては 夢かとぞ思ふ おもひきや 雪ふみ
わけて 君を見むとは

（いまのお姿を拝していると、ふと現を忘れては、夢を見ているのではないかという気がします。深い雪を踏みわけて、このような所で

伝惟喬親王の墓

わが君にお逢いしようとは、思ってもみませんでした）

という『伊勢物語』の和歌は有名である。

小野の里からもう少し上ったところには、惟喬親王の墓と伝える五輪塔がある（現京都市左京区大原上野町）。また、洛北の安楽寺（現京都市北区大森東町）にも、伝惟喬親王の墓がある。

なお、京内の惟喬親王の邸第は小野宮と呼ばれていたが、後に藤原実頼、次いで実資に伝領され、その家を小野宮家と称する機縁となった。

さらに興味深いのは、惟喬親王を木地師の始祖とする伝承が全国各地に散在する点である。木地師の伝承では、近江国蛭谷（現滋賀県東近江市君ヶ畑町）で隠棲していた惟喬親王が住民に木工技術を伝えたのが木地師の始まりであるとする。惟喬親王が山間部に隠棲していたことから、後世にこのような伝説が生まれ、山中を移動して生活する木地師集団によって拡散したのであろう。その縁であろうか、惟喬親王を主祭神として祀る神社も、各地の山間部に存在する。

## 2　清和天皇と貞保親王・貞辰親王

### 清和天皇の皇子たち

天安二年（八五八）八月二十三日に病に倒れた文徳天皇は、二十七日に死去してしまい、ここに九歳の幼帝清和天皇が誕生することになった。これまでまったくの少年が天皇になった例はなく、清和の即位年齢は最年少記録となった。藤原良房は清和が元服する貞観六年（八六四）まで、外祖父として実質上の摂政の役割を果たしていた（今正秀『藤原良房』）。

なお、外孫が即位するまで存命して権力を振るった藤原氏の官人は良房がはじめてであり、その後も一条天皇の代の兼家、後一条天皇の代の道長しか、古代には存在しない（倉本一宏『一条天皇』）。

貞観六年正月、十五歳に達した清和は元服した。当然ながら、清和の皇子は、すべて即位後に出生したものである。貞観八年（八六六）、藤原基経の妹である二十五歳の高子が、十七歳の清和の後宮に入内して女御となった（後に皇太后）。高子は貞観十年（八六八）に貞明親王を産んだ。後の陽成天皇である。高子は貞観十二年（八七〇）にも貞保親王を産んでいる。

清和の女御としては、他に基経の女の佳珠子と棟貞王の女の嘉子女王などがいた。嘉子女王

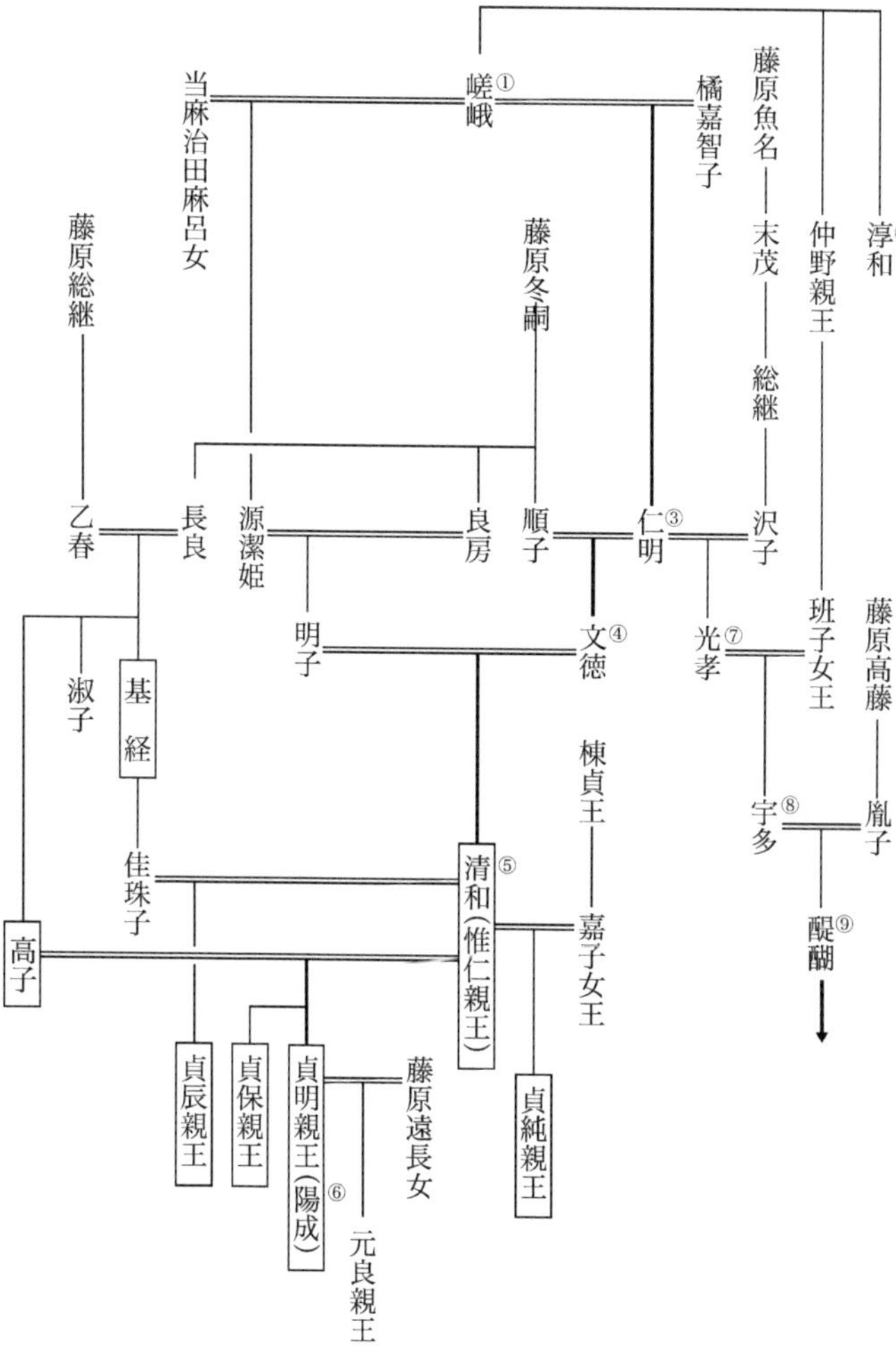


（数字は即位順、太線は嫡流、□は不慮の死を遂げた皇子）

が産んだのが、後に武家源氏の祖とされる貞純親王である。結局、清和は十四人の皇子と五人の皇女を儲けている。

そのうち、貞観十五年（八七三）に、清和は源氏賜姓の勅を発し、皇子五人（貞固・貞元・貞保・貞平・貞純）・皇女三人（孟子・包子・敦子）を親王・内親王にし、皇子三人（長猷・長淵・長鑑）・皇女一人（載子）を源氏に賜姓している。その後に生まれた皇子四人（貞辰・貞数・貞真・貞頼）・皇女一人（識子）は親王・内親王にし、皇子一人（長頼）に源氏を賜わっている。清和源氏というと、後世に武家政権を作った系統を思い浮かべるが、これらもすべて、清和源氏なのである（倉本一宏『公家源氏』）。

### 貞保親王について

清和皇子は、即位して陽成天皇となった貞明親王以外は、皇位に即くことができなかった。当然ながら皇統を嗣ぐこともできず、臣籍に降下した清和源氏も、武家源氏を除けば、その地位は低迷した。

ここで本来は皇位に近かったはずの清和皇子について述べておくと、第四皇子の貞保親王は、貞観十二年（八七〇）に女御高子から生まれており、陽成の同母弟であった。貞観十五年（八七三）に親王宣下を受け、元慶六年（八八二）正月に陽成と共に元服し、即日、三品に叙された。同年四月には上野太守に任じられた。

このままだと、天皇の同母弟として、有力な皇位継承候補者となるはずであったが、元慶八

花山院故地

年（八八四）二月に基経によって陽成が十七歳で退位させられた。基経は、まず承和の変で廃太子された六十歳の淳和系の恒貞親王に即位を要請したとされ（『恒貞親王伝』『扶桑略記』）、恒貞が固辞すると、次いで皇統の異なる五十五歳の時康親王を擁立した。時康が即位して光孝天皇となるに及んで、貞保親王の即位の可能性も消えてしまった。

　基経が陽成を退位させた理由が、陽成が母后高子を後ろ楯として親政を断行する懼れが強かったためであるという推定（角田文衞「陽成天皇の退位」）に従うならば、その同母弟である貞保親王が即位する可能性は、ほぼ消滅してしまったと考えるべきである。

　狂気説話が（おそらくは宇多・醍醐天皇の周辺によって）作られた陽成上皇とは異なり、貞保親王は風雅の世界に生きていった。琵琶・和琴・尺八などを能くし、「天下無比の名手」「管絃長者」「管絃名人」「神楽道名人」と称され（『体源抄』）、特に横笛は穴貴という高名な笛を吹き、その音色は上霧と称されたという。『新撰横笛譜』『南宮琵琶譜』などの著作をものした。延喜楽の舞の作者としても知られた他、延喜六年（九〇六）には日本紀竟宴和歌に列席し、「瑞歯別（反正）天皇」を題とした和歌を詠んだ。

陽成に先立つこと二十五年、延長二年（九二四）に五十五歳で死去した。時に二品式部卿。その邸第である花山院は、貞保親王の死去後、藤原忠平から師輔、さらには花山天皇へと伝領された。その花山も兼家によって退位させられたのは、まことに皮肉なことである。

### 貞辰親王について

貞保親王に比べて、基経女の佳珠子から貞観十六年（八七四）に生まれた第七皇子貞辰親王は、即位する可能性も大きく残されていた。貞観十七年（八七五）に親王宣下を受けたのも、その含みによるものであったはずである。

基経は外孫貞辰親王（陽成退位時に十一歳）を擁立し、外祖父として良房に続く摂政の座に就くことを予定していたものの、光孝は在位三年で病床に臥してしまい、貞辰親王を即位させると陽成上皇と皇太后高子が復権するので、光孝第七皇子の源定省を親王に復し、即位させた（宇多天皇）という。

ともあれ、これで完全に皇統が移動してしまい、清和皇子が即位する可能性は、まったく閉ざされてしまったのである。寛平三年（八九一）に基経が死去してしまうと、もはや貞辰親王と藤原氏嫡流(ちゃくりゅう)とのミウチ関係も消滅してしまった。

貞辰親王はほとんど動静が記録されておらず、延長(えんちょう)七年(九二九)に四品(しほん)で死去した。五十六歳。

## 付　陽成皇子元良親王

このように、清和皇子たちが皇位から遠ざけられた以上、皇位から降ろされた陽成の皇子が、即位することができなかったのは、必然のことであった。

醍醐寺五重塔

陽成には在位中には后(こう)妃(ひ)の入内(じゅだい)はなく、当然のこと皇子女もいなかった。退位後に、姣子(こうし)女王(是(これ)忠(ただ)親王女)・綏子(すいし)内親王(光孝天皇皇女)・藤原遠(とお)長(なが)女・紀某女(父不明)・伴(とも)某女・佐伯(さえき)某女(父不明)があてがわれ、姣子女王から元長親王・元利親王・長子内親王・儼子内親王、藤原遠長女から元良親王・元平親王、紀某女から源清蔭、伴某女から源清鑒、佐伯某女から源清遠を儲けている。

しかし、光孝第三皇女で宇多の同母妹である綏子内親王からは、陽成は皇子女を儲けることはなかった。これが陽成のわずかな抵抗だったのであろうか。

これらの皇子のうち、第一皇子の元良親王について述べておこう。寛平二年（八九〇）に生まれた元良親王は、親王宣下や元服、初叙の年次は判明しない。室に神祇伯藤原邦隆女、醍醐天皇皇女修子内親王、宇多天皇皇女誨子内親王がいる。

延長七年に四十算賀に際し、修子内親王は紀貫之に屏風歌を作らせている。承平六年（九三六）には藤原仲平と共に醍醐寺に塔の心柱を施入している。天慶六年（九四三）に三品兵部卿で死去した。五十四歳。

和歌に秀で、また色好みの風流人としての説話も『大和物語』や『今昔物語集』に残され、後世に作られた私家集『元良親王集』の巻頭には、「たいそうな色ごのみでいらっしゃったので、世にある女で、よいと聞える者には、逢うにも逢わないにも、文を遣り歌を詠みつつ遣りなされた」と記され、「一夜めぐりの君」と呼ばれたとある。百人一首には、

わびぬれば 今はた同じ 難波なる みをつくしても 逢はむとぞ思ふ

（あなたにお逢いできなくて、このように思いわびて暮らしていると、今はもう身を捨てたのと同じことです。いっそのこと、あの難波の澪標のように、この身を捨ててもお会いしたいと思っ

ています）

が採られている。

## 3　宇多天皇と敦実親王・斉世親王

### 宇多天皇の皇子たち

元慶八年（八八四）二月に即位した光孝天皇は、女の佳珠子が産んだ外孫の貞辰親王を擁立しようという藤原基経の思惑に配慮し、その年の四月、伊勢神宮の斎宮（繁子内親王）と賀茂社の斎院（穆子内親王）を務めている二人の皇女を除く全員に姓を賜わって源氏とした。生母が班子女王（桓武天皇皇子仲野親王の女）など、卑母ではない皇子女も臣籍に降していることは、自己の皇子の皇位継承権を放棄したことを基経に示すという意図があったのであろう。

しかし、光孝が一代限りで終わることはなかった。即位から三年後の仁和三年（八八七）八月、死去の四日前に基経から東宮を立てることを要請された光孝は、臣籍に降下させていた第七子で二十一歳の源定省を親王に復して皇太子とした。そして定省親王は光孝の死去の日に践祚して宇多天皇となった。これによって光孝は一代限りの立場を脱し、光孝・宇多皇統が確立したのである（河内祥輔『古代政治史における天皇制の論理』）。

宇多天皇には、臣下時代の仁和元年（八八五）に藤原胤子（藤原高藤の女）から一男の源維城

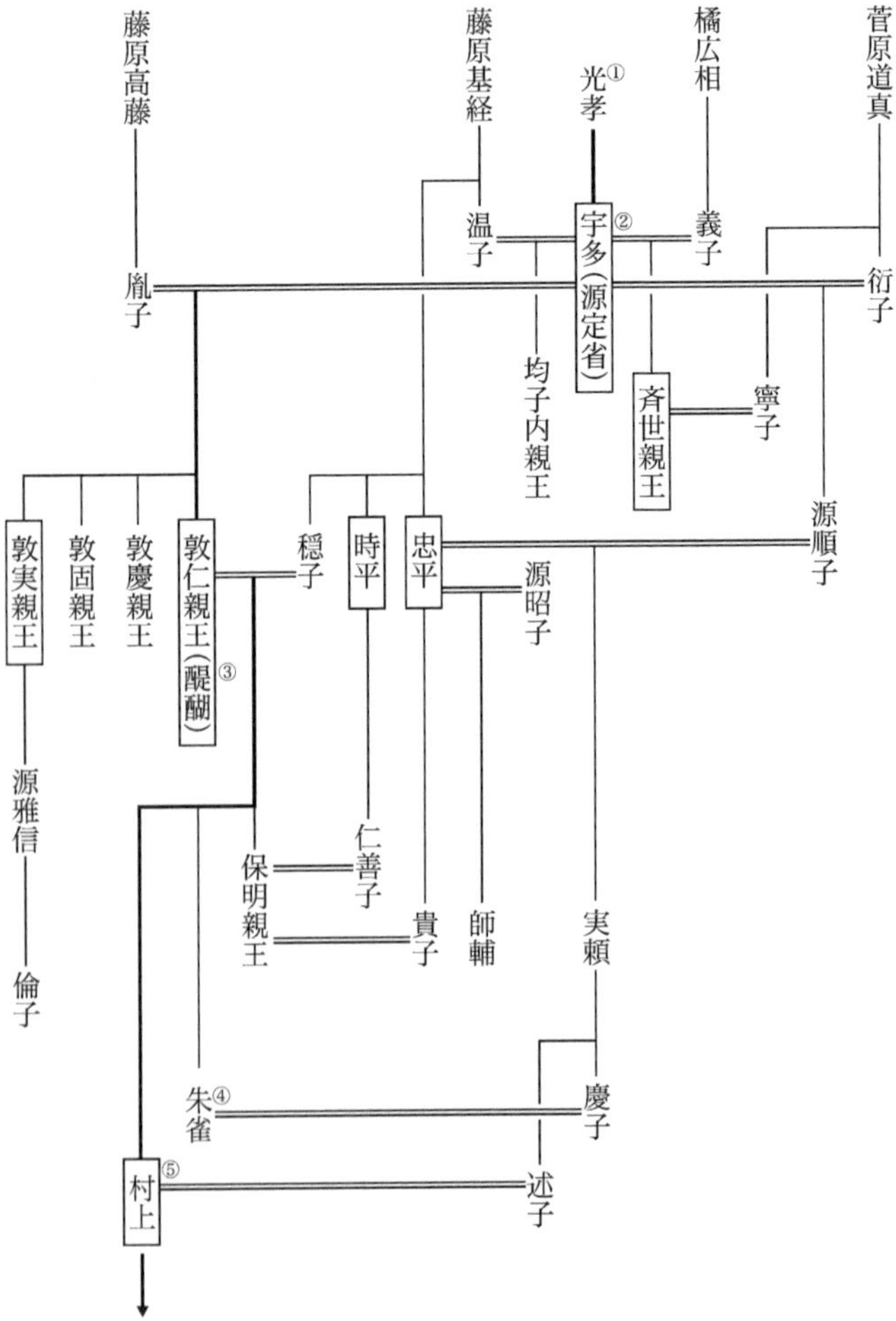


（数字は即位順、太線は嫡流、□は不慮の死を遂げた皇子）

が生まれていた。後に敦仁親王となり、即位して醍醐天皇となる人物である。また、橘義子（橘広相の女）から、仁和元年に二男斉中、仁和二年（八八六）に三男斉世が生まれたが、この二人は源氏に降下しておらず、もちろん親王宣下も受けていない。

仁和三年に宇多が即位すると、源氏とされていた二人の男子も含め、寛平元年（八八九）に親王に復させた。その後に生まれた皇子女も同様に親王とした。結局、宇多は、五人の女御、四人の更衣、一人の尚侍、一人（以上）の宮人から、十二人の皇子と十人の皇女を儲けている。ただし、基経との関係を修復すべき存在として入内した藤原温子からは、均子内親王しか生まれておらず、宇多の後継者を産んだのは、内舎人藤原良門の次男で、右兵衛権佐・左近衛少将・兵部大輔といった武官や尾張守などの地方官を歴任した従五位下藤原高藤が、宮内大輔宮道弥益の女である列子との間に儲けた胤子であった。『今昔物語集』では、鷹狩に出かけた高藤が山科で雨宿りした豪族の女に産ませたという説話が作られるなど、父母共に微官の家の人物から生まれた女性であった。なお、高藤は宇多が即位すると急速に昇進し、ついに藤原魚名以来、百二十一年ぶりの内大臣に任じられたが、直後に死去し、太政大臣を贈られた。

学者である菅原道真や橘広相の女を入内させて女御としているのは、宇多の嗜好と、二人の学者らしからぬ野望によるものであろう。

**藤原胤子所生の宇多皇子**

即位して醍醐天皇となった元源維城の敦仁親王はともかく、即位できなかった他の胤子所生の皇子たちについて述べてみよう。

敦慶親王は、仁和三年に第四皇子として生まれ、温子の猶子となった。中務卿や式部卿を歴任し、二品に叙された。「容止美麗、好色絶倫なり」（『二十一代集 才子伝』）、「玉光宮」（『河海抄』）とも称された人物で、『源氏物語』の光君のモデルの一人となった。

実際にも異母妹の孚子内親王や三条御息所藤原能子（定方女）と関係を持ち、歌人伊勢との間に中務を儲けた。歌舞音曲に優れ、亭子院や桂宮に住んだ。延長八年（九三〇）に死去した。

敦固親王も醍醐の同母弟である。二品兵部卿となっている。延喜二年（九〇二）に元服し、二品兵部卿に至った。延長四年（九二六）に死去した。

敦実親王は寛平五年（八九三）に第八皇子として生まれた。有職に詳しく、また音曲を好み、笛・琵琶・和琴などを後世に伝えた。上野太守・中務卿を歴任し、一品式部卿に至ったが、天暦四年（九五〇）に出家して法名を覚真と称し、康保四年（九六七）に死去した。七十五歳。子に左大臣源雅信・重信、大僧正寛朝・雅慶が出て、宇多源氏の嫡流となった。雅信の女が藤原道長嫡妻の倫子である。

### 学者の女所生の宇多皇子

学者である菅原道真と橘広相の女は、どうだったのであろうか。道真女の衍子は貞観十七年（八七五）に女子を産んだ。臣籍に降下して源順子となり、藤原忠平の室となって、実頼を産んだ人である。

仁和寺御影堂

広相女の義子の方は、仁和二年に第三皇子斉世親王を産んだ。斉世親王は、寛平八年（八九六）に紀長谷雄の門に入って学問を始め、昌泰元年（八九八）に元服して三品に叙され、兵部卿・上総太守に任じられた。道真女の尚侍寧子を室とし、英明を儲けた。

しかし、延喜元年（九〇一）、藤原時平が、道真が醍醐天皇を廃し、女婿の斉世親王を天皇にしようとし、宇多上皇の承認も得たと密奏したので、醍醐は道真を大宰権帥に左遷した。道真の男子四人も地方官に左遷された（昌泰の変）。

これに縁坐して、斉世親王は仁和寺において出家した。法名を真寂といい、法三宮と称した。延喜八年（九〇八）に東寺で宇多法皇から灌頂を授けられ、延喜十三年（九一三）にも東寺において宇多法皇から両部灌頂三部大法を伝授された。延長五年（九二七）に遷化した。四十二歳。なお、英明も延喜二十年（九二〇）頃に源氏を賜わり、臣籍に降下させられている。

## 4 醍醐天皇と保明親王・兼明親王・源高明

### 醍醐天皇の皇子たちと皇位継承

寛平九年（八九七）七月に十三歳で即位した醍醐天皇は、同月に元服し、在位中に一人の中宮（藤原基経の女　穏子）、一人の妃（為子内親王）、三人の女御、十二人の更衣から（他にも宮人あり）、十八人の皇子と十九人の皇女を儲けた（他に出家後の宇多が儲けた二人を猶子としている）。十八人の皇子は、十二人（保明・寛明・成明・常明・式明・有明・克明・代明・重明・時明・長明・章明）が親王宣下を受け（うち、寛明が朱雀天皇、成明が村上天皇として即位）、六人（盛明・高明・兼明・自明・允明・為明）が源氏賜姓を受けた。なお、盛明と兼明の二人は、後に親王に復されている。

延喜三年（九〇三）に第一皇子（以下、源氏も含めた出生順）克明親王（源旧鑑女の更衣封子所生）と第二皇子保明親王（基経女の女御〈後に中宮〉穏子所生）が生まれたが、外祖父の勢威から考えて、克明親王が立太子する可能性は低かった。翌延喜四年（九〇四）に保明親王が立太子した。基経はすでに、寛平三年（八九一）に死去していたが、その嫡男の時平や、同母弟の仲平・忠平に後見された保明皇太子の地位は安泰であるかに見えた。

しかし、延長元年（九二三）三月に皇太子の第二皇子保明親王が死去し、直後の四月に続

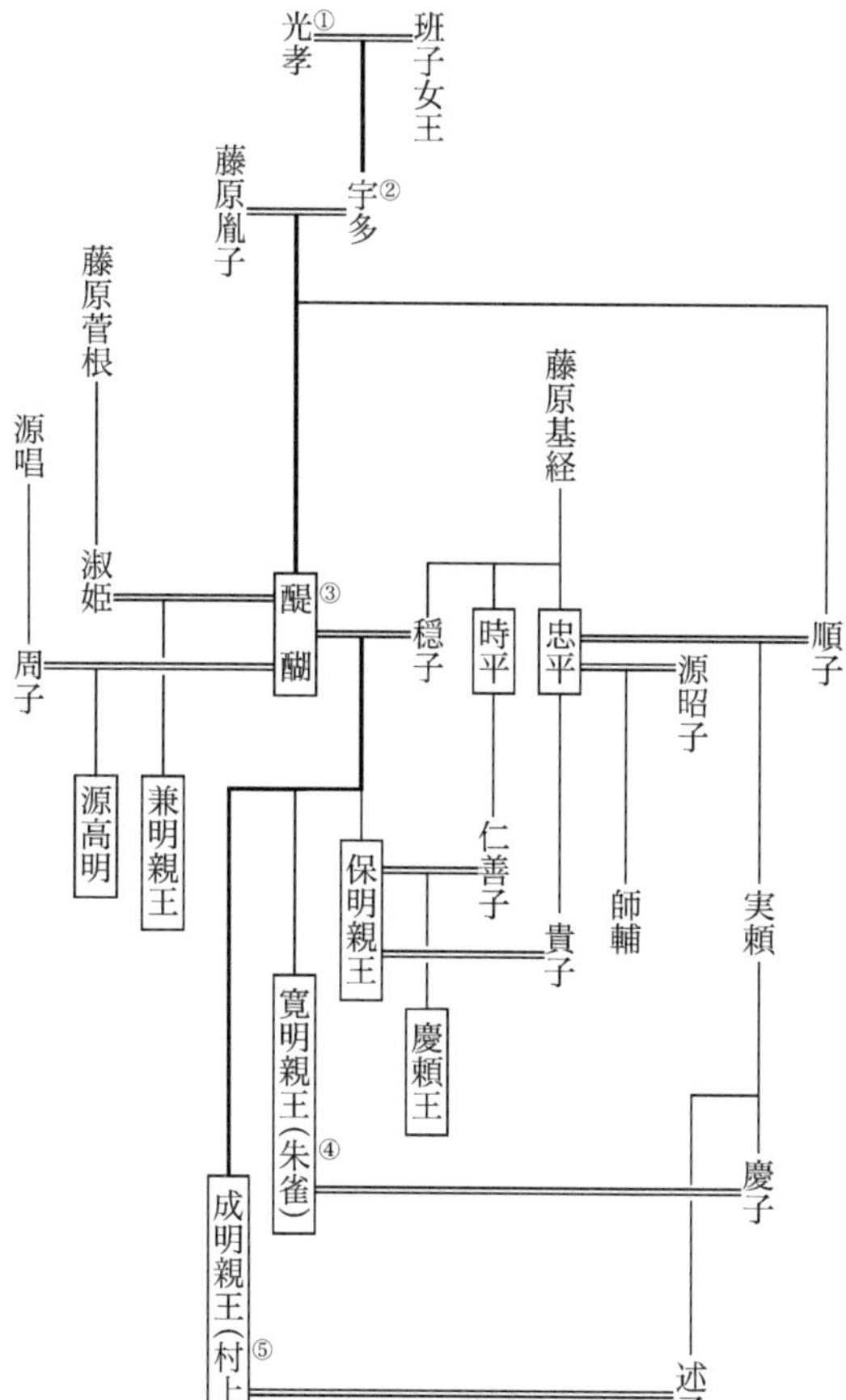


(数字は即位順、太線は嫡流、□は不慮の死を遂げた皇子)

いて立太子した保明の子の慶頼王（母は時平女の仁善子）も、延長三年（九二五）六月に死去してしまった。その間、保明の生母の穏子が延長元年七月に第十四皇子寛明（後の朱雀天皇）を産んだのである。

実に穏子としては二十年ぶりの皇子出産であるが、もちろんこれは偶然ではない。時平はすでに延喜九年（九〇九）に死去していたが、後を継いだ忠平は、外戚の地位を確保するため、穏子所生の皇子を儲け、これを親王として確保する必要があったのである。寛明親王は慶頼王が死去した直後の延長三年十月に立太子した。

中宮となった穏子は、延長四年（九二六）六月にも四十二歳で第十六皇子成明（後の村上天皇）を産んだが、これもその年の十一月に親王宣下を受けた。

そして延長八年（九三〇）、醍醐は死去した。すでに醍醐皇子で穏子所生の寛明親王が立太子しており、醍醐の死去の直前、寛明皇太子が八歳で即位した（朱雀天皇）。

### 保明親王と慶頼王

立太子していながらも、即位できなかった皇子について、まずは見てみよう。保明親王は、醍醐天皇の第二皇子として、延喜三年十一月に、東五条院（東五条堀川殿）において誕生した。生母は基経女の穏子。諱は当初は崇象であった。

翌延喜四年二月に親王宣下を受けた。即日、皇太子に立てられ、四月、東宮に遷御した。この立太子によって、宇多法皇と穏子との確執は深まり、穏子は入内を停められたという。延喜九年に読書始、延喜十一年（九一一）十月に九歳ではじめて『御註孝経』を読み、十一月、諱崇象を保明と改めた。

延喜十六年（九一六）十月、十四歳で紫宸殿において元服した。加冠は時平に代わって藤原氏嫡流となっていた忠平が務めた。妃として時平女の仁善子（本院御息所）と忠平女の貴子（中将御息所）が入侍した。仁善子は皇太子となった慶頼王と煕子女王（朱雀天皇女御）を産んだが、貴子は王子女を儲けることはなかった。

しかし、保明親王は、延長元年（九二三）三月二十一日、病によって死去した。二十一歳。その死去について、『日本紀略』は、「世を挙げて云ったことには、菅帥（菅原道真）の霊魂が、宿忿によって行なったものである」と伝えている。二十七日、法性寺の後山に葬られ、文献彦太子と諡された。道真は四月二十日に本官である右大臣に復されて正二位が追贈され、醍醐は道真追放の詔を破棄した。

醍醐は次いで、四月二十六日に穏子を中宮に立后し、保明親王の遺児である慶頼王を皇太孫に立てた。当時はまだ三歳であった。保明親王の異母弟が多数存在する中での、皇孫の立太子は、いかにも不自然であった。

そのためであろう、忠平は保明親王の同母弟の出産を穏子（と醍醐）に求めていたが、穏子は延長元年七月に、三十九歳で第十四皇子寛明（後の朱雀天皇）を産んだ。

ところが、延長三年六月、皇太孫慶頼王は、職曹司において死去してしまった。時に五歳。これも道真の怨霊が喧伝されたことは、言うまでもない。神楽岡に葬られた。現在、京都市左

「醍醐天皇皇太子慶頼王墓」

京区吉田牛ノ宮町の円墳が「醍醐天皇皇太子慶頼王墓」に治定されている。

代わって寛明親王が延長三年十月二十一日に三歳で立太子した。寛明親王も病弱で、穏子は怨霊を恐れて、寛明親王を幾重にも張られた几帳の中で育てたという説話が作られたのも(『大鏡』)、当然のことであった。醍醐も怨霊を恐れながら延長八年に死去し、寛明皇太子が即位した。後世には、地獄を遍歴する醍醐の絵像が、各地の天神絵巻に描かれることとなる。

### 兼明親王の憂憤

他の皇子をすべて取り上げるわけにはいかないので、兼明と高明の二人に絞って述べよう。第十一皇子兼明親王は、藤原南家出身の学者から身を起こした参議藤原菅根の女である更衣淑姫から、延喜十四年(九一四)に生まれた。

延喜二十年(九二〇)、七歳の年に源氏に降下した後、朱雀天皇の天慶七年（九四四）、三十一歳で参議に任じられた。以降、村上天皇の天暦七年（九五三）に四十歳で権中納言、天暦九年（九五五）に四十二歳で中納言、康保四年（九六七）正月に五十四歳で権大納言、冷泉天皇の治世となっていた十二月に大納言に上った。そして円融天皇の天禄二年（九七一）に五十八歳で左大臣に任じられた。

しかし、六十四歳となった貞元二年（九七七）四月に至り、藤原兼通の謀略によって親王とされ、二品中務卿として政権から遠ざけられたのである。

皇子として生まれながらも、立太子することは叶うべくもなく、臣籍に降下して出世を続けたとはいえ、別に政権の座に就こうといった野望は持たず、風流に明け暮れていたにもかかわらず、親王とされて閑職に追いやられる。あたら能力と文才があったがために、その憂憤は想像に余りある。

しかも、でっち上げにせよ明確な罪状があったわけではなく、左大臣として源兼明が居坐っていては、藤原氏の官人の昇進に邪魔になるといった程度の理由によるものである。この措置によって昇進したのは、藤原頼忠・源雅信・藤原為光・藤原朝光・源重光・藤原顕光・源伊陟あたりであるが（トップがいなくなったので、順繰りに序列が上がったのである）、自己の出世のためならこのような理不尽な措置も見て見ぬ振りをする公卿連中というのも、暗澹たる気分にさせられる。同じ源氏の公卿が出世したりしているのも、公家源氏の同族結合の脆弱さを象徴しているようである（特に重光と伊陟は醍醐源氏である）。

悲憤した兼明親王は、嵯峨に建ててあった別業で隠逸生活に入り、孤独文雅の生活を送った。

嵯峨・小倉山

『菟裘賦』を作って、「君昏く臣諛ふ（君は暗君、臣はへつらい）」と時勢を批判している。中務卿となったことから「中書王」と称され、その博学多才を讃えられている。

兼明親王は、十年後の永延元年（九八七）に死去した。七十四歳。博学多才で詩文を能くしたうえに、その悲劇的生涯は同情を生み、数多くの伝説が生まれている。嵯峨の地には貴顕の山荘が多く営まれ、『源氏物語』ゆかりの地ともなっているが、それは常に隠遁の香りをまとったものであった。発掘調査でも、平安時代前期に遡る園池遺構が、京都年金基金センター（らんざん）の建築現場（現京都市右京区嵯峨天龍寺芒ノ馬場町）で確認されている。

### 源高明と安和の変

しかし、さらに苛烈な運命が待ち受けていたのは、第十皇子の源高明であった。高明は、嵯峨源氏で右大弁を勤めた源唱の女である更衣周子（近江更衣）から、延喜十四年に生まれた。兼明親王と同年ということになる。

高明は、延喜二十年に源氏に賜姓され、延長七年（九二九）に元服、醍醐が死去した翌延長八年に十七歳で従四位上に叙され、藤原師輔の三女と五女愛宮を室とした。三女は俊賢や為平親王室となった女子、愛宮は経房と道長室となった明子を、それぞれ産んだ。

天慶二年（九三九）に二十六歳で参議に任じられ、天暦元年（九四七）に三十四歳で権中納言、天暦二年（九四八）に三十五歳で中納言、天暦七年（九五三）に四十歳で大納言と、順調に昇進した。もちろん、儀式書『西宮記』を著わしたほど有職故実に通暁した有能ぶりと、琵琶の名手としての才能、そして何より師輔との姻戚関係によるものであった。そして康保三年（九六六）に五十三歳で右大臣、翌康保四年には五十四歳で左大臣にまで上りつめた。

しかし、冷泉天皇の安和二年（九六九）、源満仲（軍事貴族）が、橘敏延と源連が東宮守平親王（後の円融天皇）の同母兄為平親王を擁立して守平廃立をはかったとの密告を行ない、累は女を為平の室としていた高明にも及んだ。いわゆる安和の変である。

すでに師輔は死去しており、藤原氏は師尹の他、頼忠や伊尹・兼通・兼家といった次世代（「外戚不善の輩」）の時代となっていた。彼らが自分たちの上位にいる高明や兼明の存在を快く思っていなかったことは確実で、伊尹を中心として、一挙に醍醐源氏の排斥を仕組んだのであろう。

高明は出家して留京を請うたが、結局は大宰権帥として筑紫に配流された。三年後の天禄三年（九七二）には京に召還されたが、天元五年（九八二）に六十九歳で死去した。邸第には西宮と高松殿があり、「西宮左大臣」と称された。

後世、『源氏物語』における光君に擬されるようになったように（『河海抄』）、悲劇の主人公としての皇子のイメージは、時代と共に増幅されていくことになるのである。

## 5　村上天皇と広平親王・為平親王

### 村上天皇の皇子たち

醍醐天皇の次の朱雀天皇には、冷泉天皇の中宮となった昌子内親王しか皇子女はおらず、皇統は同母弟の村上天皇（成明親王）に移った。

村上は、一人の中宮（藤原師輔の女 安子）、四人の女御、五人の更衣、一人の尚侍から、十人の皇子と十人の皇女を儲けた。なお、安子は天慶九年（九四六）に皇子を産んだものの、この皇子は夭逝して名前も伝わらず、第一皇子には数えられていない。

このうち、安子が産んだ第二皇子憲平親王が冷泉天皇として、第七皇子守平親王が円融天皇として、それぞれ即位している。しかし、そうなると、何故に第一皇子広平親王が即位できなかったのか、また第二皇子と第七皇子の間の第三・四・五・六皇子が何故に飛ばされることになったのか、特に同じく安子が産んだ第四皇子為平親王が即位できなかった事情が、問題となってくる。

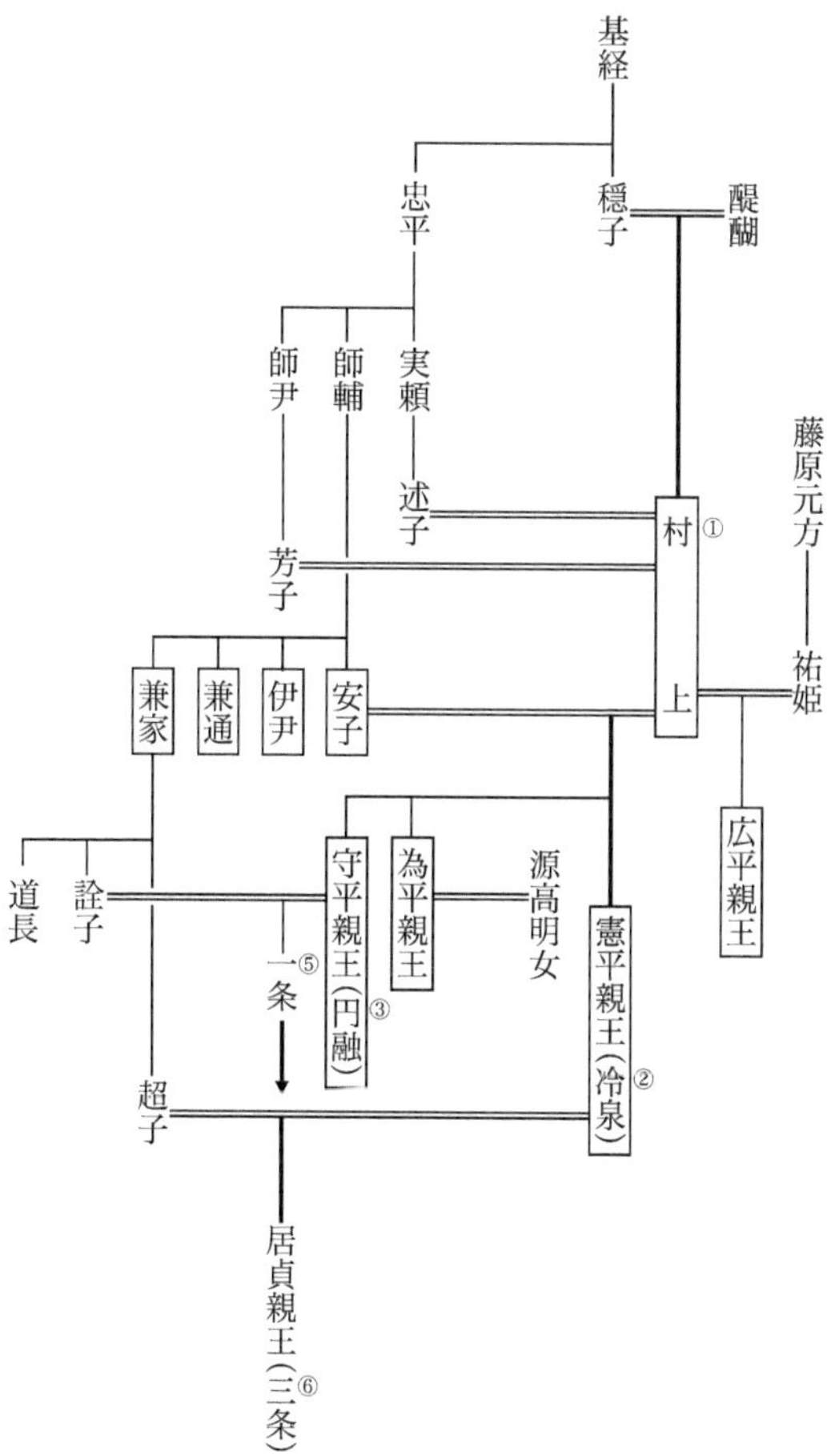


（数字は即位順、太線は嫡流、□は不慮の死を遂げた皇子）

なお、『大鏡』などでは、村上がもっとも寵愛したのは藤原師尹女の女御芳子であるといい、安子がこれに嫉妬したという説話が作られている。しかし、安和二年（九六九）に死去していた師尹の女では後見が弱すぎ、所生の第六皇子昌平親王や第十皇子永平親王が立太子することは、難しかったものと考えられる。芳子もすでに康保四年（九六七）に死去している。結局、昌平親王は応和元年（九六一）に七歳で夭折してしまい、永平親王も永延二年（九八八）に二十四歳で死去してしまっていて、即位は叶わなかった。それでも『栄花物語』などに永平親王の暗愚説話が作られているのは、随分と手の込んだ仕業である。

第三皇子致平親王と第五皇子昭平親王は藤原在衡女の更衣正妃から生まれたが、昭平親王は村上皇子で唯一人、源氏賜姓を受けている。後に兼明と同時に親王に復されているのは、何やら判然としない。

## 第一皇子広平親王

第一皇子として生まれながら、立太子することができなかった広平親王には、文徳天皇第一皇子の惟喬親王と同様、生母の身分、外戚の後見の弱さという条件が存在した。

広平親王は、大納言藤原元方女の祐姫から、天暦四年（九五〇）に生まれた。元方は参議藤原菅根の二男で、文章道を学ぶ学者の家の出身であった。文章得業生から出身し、刑部少輔、右少弁、中宮亮、左京大夫、東宮学士、式部大輔を歴任し、天慶二年（九三九）に参議、天慶五年（九四二）に中納言となり、天暦五年（九五一）に大納言に上った。

学者の出身としては異数の出世であり、これで満足していればいいものを、女の祐姫を村上の後宮に更衣として入内させ、所生の広平親王の立太子を望んだというのであるから、人間の欲望というのは際限のないものらしい。

ところが、広平親王と同じ天暦四年五月に、藤原師輔の女である女御（後に中宮）安子から第二皇子憲平親王（後の冷泉天皇）が誕生した。憲平親王は七月十五日に親王宣下を受け、七月二十三日には生後二箇月で立太子した。『九暦』逸文によると、村上・朱雀・穏子・師輔が「密かに」策を定めて、憲平親王の立太子を進めたものである。

広平親王は応和三年（九六三）に元服し、三品に叙されたが、天禄二年（九七一）に二十二歳で死去してしまった。

これだけならば、摂関期によくある、後見が弱くて立太子できなかった皇子の物語で終わったはずなのであるが、広平親王の早世は、はるか後世にまで尾を引くこととなった。外祖父の元方の方は、すでに天暦七年（九五三）に六十六歳で死去していたのだが、広平親王の立太子という望みを絶たれた元方は、後に怨霊となって、とりわけ冷泉天皇の皇統に祟ると喧伝されたのである。広平親王はもちろん、元方自身にとっても、想像すらできないことだったであろう。

元方怨霊説話の背景には、冷泉が村上皇統の嫡流でありながら、後に同母弟の円融の皇統に嫡流が移動してしまった結果、冷泉皇統の天皇たち（冷泉・花山・三条）には狂気や病悩の傾向があるという説話が作られたことが存在した（倉本一宏『平安朝 皇位継承の闇』）。そしてその原因を、冷泉のために即位できなかった広平親王の外祖父である元方の怨霊に帰すという、二重に手の込んだ作為が行なわれたのである。

なお、元方の子には、中納言に上った懐忠がおり、『小右記』や『御堂関白記』『権記』などに数多く登場するが、別に懐忠やまわりの貴族たちが元方の怨霊を気にしている様子は窺えない。その時代にはまだ、元方怨霊説話が作られていなかったことによるのであろう。

**中宮安子所生第四皇子為平親王**

後見の弱かった広平親王が即位できなかったことは、摂関期としてはよくある出来事であったとはいえ、中宮安子が産んだ第四皇子為平親王が即位できなかったのは、いかなる事情が存在したのであろうか。しかも、同母弟の第七皇子守平親王（後の円融天皇）に差し措かれてである。

為平親王は、天暦六年（九五二）に誕生した。康保二年（九六五）に元服して三品に叙された。元服の加冠の役は源高明が務めるなど、高明が為平親王に接近し、翌康保三年（九六六）に高明女と結婚した。時に上野太守とある。

康保四年（九六七）に冷泉天皇が即位したが、東宮には同母弟の守平親王が立てられた。高明が皇太子の外戚となることを、安子の兄弟である藤原伊尹・兼通・兼家ら、後に九条流と呼ばれる師輔の男たち（「外戚不善の輩」）が恐れたためである。

さらに安和二年、為平親王を擁立して守平親王廃立をはかる者がいるとの密告が行なわれた。

染殿故地

この安和の変で高明が大宰府に配流されると、為平親王は昇殿を停められた。

しかし、天元元年（九七八）に輦車を、寛和元年（九八五）に昇殿を、それぞれ許され、一品式部卿に至った。染殿に住んでいたので、「染殿の式部卿の宮」と呼ばれた。

寛弘七年（一〇一〇）に死去した。五十九歳。源高明女との間に、源憲定・頼定・顕定、婉子女王（花山天皇女御、後に藤原実資室）・恭子女王（斎宮）らを儲けた。

# 第六章　摂関政治全盛期の皇子

摂政・関白（または内覧）が常置される、いわゆる摂関期になると、皇位継承は完全に時の執政者とのミウチ関係に左右されることとなった。

ただし、結果的には村上―円融―一条―後一条（後に後朱雀）と続く円融系が皇統を嗣いでいったのであるが、当初、天皇家の嫡流であったのは、村上―冷泉―三条―敦明と続く冷泉系の方であった。数々の歴史条件の気まぐれによって、また代々の執政者の思惑によって、結局は一条天皇が皇統の祖（「反正の主」「草創主」）となり、後世まで天皇家を存続させることとなったのである。

しかし、その過程においては、数多くの即位できない皇子たちが存在し、ちょうど（偶然ではないのだが）王朝文学の最盛期でもあったことから、彼らをめぐる文学が作られていくこととなった。

## 1　冷泉天皇と為尊親王・敦道親王

### 冷泉天皇の皇子たち

村上天皇第二皇子として、藤原師輔の女である安子から天暦四年（九五〇）五月に生まれた憲平親王は、第一皇子の広平親王（母は藤原元方女祐姫）を越えて、同年七月に生後二箇月で立太子した。康保四年（九六七）五月に村上の死去により十八歳で践祚し、十月に内裏紫宸殿で即位式を挙げた。

後宮には、中宮として昌子内親王（朱雀天皇皇女）、女御として藤原懐子（摂政伊尹女）・藤原超子（関白兼家女）・藤原怤子（右大臣師輔女）がいた。いずれも有力な後見を持つ后妃である。

冷泉には特筆すべき「業績」がある。若年時からの多くの皇子を儲けたということである。桓武から後白河までの平安時代の二十七人の天皇（皇子女を残さなかった近衛を除く）が、何歳で最初の皇子女を儲けることができたかを計算してみたところ、平均で二十一・四歳、最年少でも十五歳に至るまでは、皇子女を儲けてはいないのであるが、この十五歳の父親こそ冷泉なのである。つまり冷泉は、平安時代の天皇の父親となった最年少記録を持っているのである。

まず藤原懐子が康保元年（九六四）に宗子内親王、康保三年（九六六）に尊子内親王、安和元年（九六八）に師貞親王（後の花山天皇）を産んだ。宗子が冷泉十五歳の時の子、師貞親王が十九歳の時の子ということになる。次いで退位後になるが、藤原超子が天延元年（九七三）に光子内親王、貞元元年（九七六）に居貞親王（後の三条天皇）、貞元二年（九七七）に為尊親王、天元四年（九八一）に敦道親王を産んでいる。

昌子内親王と藤原怤子からは皇子女の誕生がなかったというのは、まったくの偶然か、両者の体質的な問題か、それとも冷泉の政治的選択によるものであろうか。

天皇にとって、もっとも重要な責務が、後世に皇統を伝えることであるとすれば、十五歳から子を儲け、十九歳で皇子を儲け、合わせて四人の皇子を残したというのは、きわめて天晴れな資質であると言えよう。しかもいずれも摂関の女を生母とする、立太子に何の問題もない皇子ばかりである。

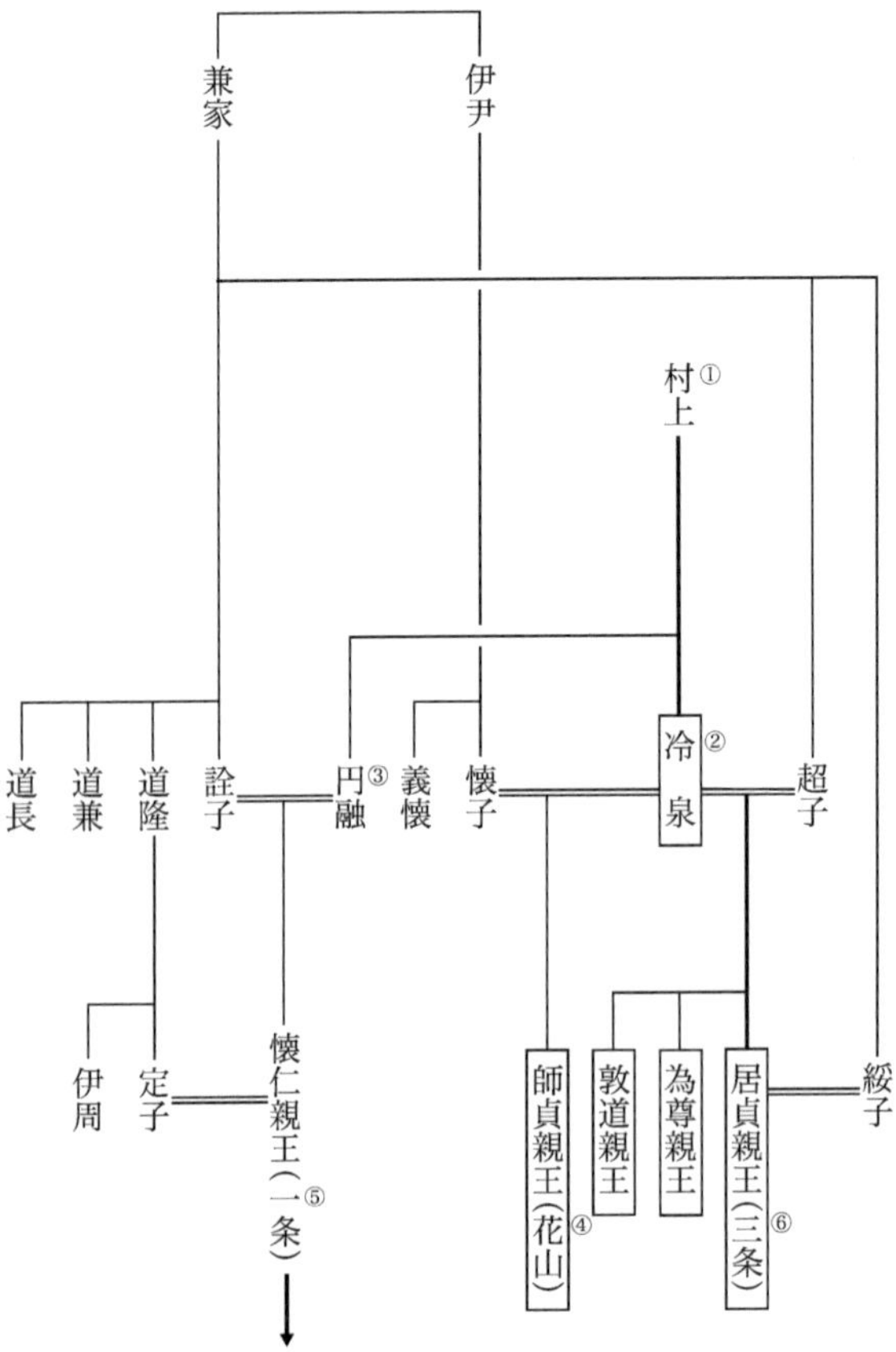


（数字は即位順、太線は嫡流、□は不慮の死を遂げた皇子）

東三条第模型（国立歴史民俗博物館所蔵）

逆に言えば、天皇家嫡流である冷泉が摂関の女から多くの皇子を儲けたことに、後世、冷泉「狂気」説話が形成される秘密が隠されているのかもしれない（倉本一宏『平安朝　皇位継承の闇』）。

冷泉皇子のうち、第一皇子師貞親王と第二皇子居貞親王は、即位することができたのであるが（ただし、二人とも不本意な退位を迫られ、皇統を伝えることはできなかった）、居貞親王の同母弟である第三皇子為尊親王と、第四皇子敦道親王が即位することができなかった事情が問題となる。以下、これについて述べることとしよう。

**為尊親王について**

為尊親王は、後に三条天皇となった第二皇子居貞親王から遅れること一年、貞元二年に超子から生まれた。六歳の年に母超子が死去し、以後は兼家の庇護下に東三条第南院で成長したと考えられている。

永観元年（九八三）に同母兄の居貞親王と共に、兼家の東三条第において読書始の儀を行ない、永祚元年（九八九）、一条天皇の摂政となっていた兼家の二条第（もしくは東三条第）において元服し、四品に叙された。藤原伊尹女（九の御方）を妃としている。弾正尹、大宰帥、上野太守を歴任し、二品に至った。しかし、『権記』によれば、長保三年（一〇〇一）十月に病を受け、数箇月、懊悩し、長保四年（一〇〇二）六月、出家した後、死去した。時に二十六歳。

この間、『和泉式部日記』によると、和泉式部との関係が世に喧伝され、和泉式部は身分違いの関係として親に勘当を受けたとされるが、それが史実かどうかは定かではない。

それはさておき、円融と兼家、そして円融女御詮子（兼家女）との間のぎくしゃくした関係、そして居貞親王・為尊親王・敦道親王と兼家との緊密な関係からは、兼家が円融や懐仁親王（後の一条天皇）よりも、冷泉系の皇子の方に、一層強いミウチ意識を抱いていたことを窺わせる。

一条天皇即位によって、冷泉・円融両皇統の迭立状態が確立したかのように見えるが、円融系皇統といっても、一条には弟はおらず、また当分は一条に皇子の誕生がないであろうことは明らかであった。それに対して冷泉皇統は、師貞親王や居貞親王に加えて、同じく冷泉皇子である為尊・敦道親王が兼家の政治的後見を受け続けていた。兼家が幼帝の一条しか存在しない円融皇統を見限り、冷泉皇統が皇位を嗣ぎ続けるという可能性も、大いにあり得たのである。

この為尊親王か敦道親王がもっと長命であったならば、三条天皇（居貞親王）は無理に自分の皇子である敦明親王を東宮にすることを押し通そうとする必要はなく、皇統の行方も、もっと違ったものとなっていたはずである。冷泉系も嫡流の地位を手放すことはなかったであろうし、冷泉や花山に狂気説話が作られることもなかったであろう。

## 敦道親王について

敦道親王の方は、為尊親王に遅れること四年、天元四年に生まれた。二歳で生母超子を亡くし、兼家の東三条第南院で育てられた。

正暦四年（九九三）二月に南院で元服して、四品に叙された。同時に着裳した藤原道隆三女と結婚したが、道隆の死後に離婚し、藤原済時二女を嫡妻とした。いずれも居貞親王の妃の次の妹であった。敦道親王が冷泉系皇統の最後の切り札であったことが窺える。

『和泉式部日記』によると、為尊親王の死の一年後の長保五年（一〇〇三）、和泉式部と恋愛関係となり、同年十二月に和泉式部を召人として邸に住まわせたことから、正妃である済時女の怒りを買い、後に離婚した。寛弘三年（一〇〇六）頃、和泉式部との間に男子（岩蔵の宮。後に出家して永覚）を儲けた。

この間、大宰帥となり、寛弘四年（一〇〇七）に三品に叙されたが、同年十月、死去した。二十七歳。これで冷泉皇統は決定的な打撃を受けることとなった。

一条天皇中宮の彰子の胎中に、後に後一条天皇となる敦成親王が宿る直前に、最後の冷泉皇子が死去したというのは、皇統の交替を考えるうえで、何やら示唆的である。

翌寛弘五年（一〇〇八）七月、一条は厄年をいつ迎えるかで、在位の年限を計る算法（受禅の年、即位の年、改元の年のいずれから計るか）を諮詢したところ、「当代（一条天皇）は反正の主に准じて、即位の年より計る」という勘申が出た。『山槐記』では、「反正の主」つまり「草創主」とは、光仁天皇や光孝天皇など、新たな皇統を創出した天皇のこととしている（倉本一宏『一条天皇』）。

一条しかいない円融皇統の方が正統と認識されるようになったのは、一条が自らの治世の中で（道長と共に）一歩一歩築き上げ、皆に認識させていったということでもあるが、何より敦道親王が死去したことで、こういった認識が広まることとなったのである。

冷泉皇統としては、残るは三条天皇となる居貞親王と、その王子の敦明親王たちしかいなくなったということになる。

## 2　花山天皇と清仁親王・昭登親王

### 花山天皇という人

花山天皇は、安和元年（九六八）十月、冷泉天皇の第一皇子として生まれた。諱は師貞。母は藤原伊尹の女の懐子。一年後の安和二年八月に皇統の異なる円融天皇の東宮となった。永観二年（九八四）に十七歳で即位し、外舅藤原義懐（伊尹の男）や藤原惟成（花山の乳母子）を側

（数字は即位順、太線は嫡流、□は不慮の死を遂げた皇子）

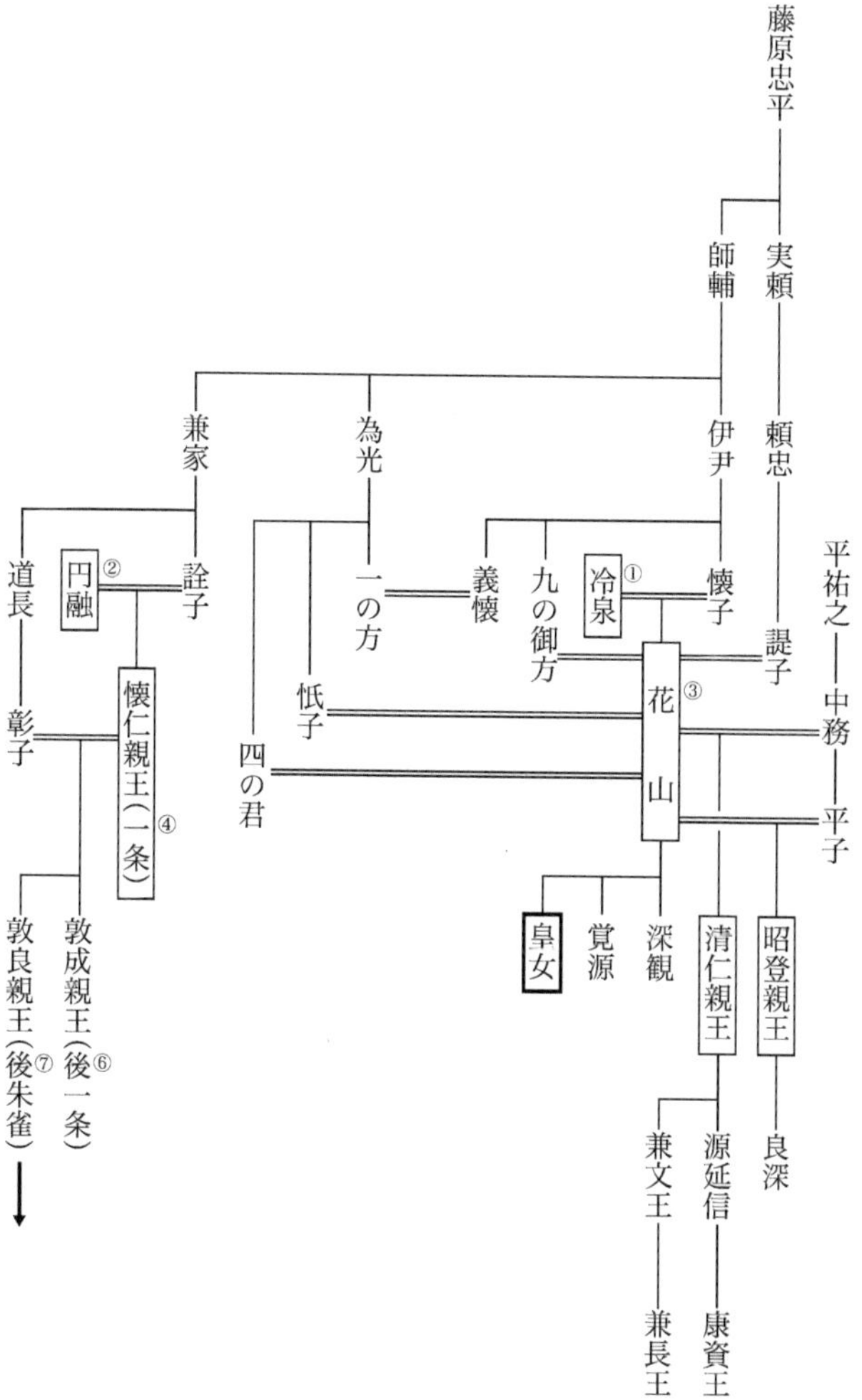

近として、格後の荘園の停止や、破銭を嫌うことを停止するなど、積極的な政治を行なった。しかし、一年十箇月後の寛和二年（九八六）六月二十三日、藤原兼家らの策略によって突然退位させられ、花山寺（元慶寺）で出家した。十九歳。なお、これは女御藤原忯子（為光の女）の死とは直接の関係はない。

退位後は各地で仏道修行を行ない（史実ではないのだが）、帰京後は色好みと風流の日々を過ごしたとされ、上皇生活二十二年の後、寛弘五年（一〇〇八）に四十一歳で死去した。

### 花山天皇の「皇子」

花山の皇子を産んだとされるのは、花山が同居したとされる「九の御方」（伊尹の女）の乳母子の中務（平祐之の女）と、その女の平子である。もちろん、出家後の話である。

二人の皇子は、出家後の誕生であったから、冷泉院の子ということにして、寛弘元年（一〇〇四）に親王宣旨を下され、（冷泉の皇子も数えて）五宮は昭登親王、六宮は清仁親王と名付けられた。昭登を「女腹御子」、清仁を「親腹御子」と呼ぶ向きもある（『栄花物語』）。この二人が即位できなかったばかりか、東宮の候補にも上らなかったのは、言うまでもない。

二人とも寛弘八年（一〇一一）の三条天皇の即位式に威儀侍従の役を務め、昭登親王は兵部卿や中務卿に任じられ、長元八年（一〇三五）に三十八歳で死去した。

清仁親王の方は弾正尹に任じられ、長元初年に出家し、長元三年（一〇三〇）に三十三歳で死去した。その子孫は花山源氏（冷泉源氏）の白川伯王家として神祇伯の官を継承し、「明

昭登親王邸故地

治維新」まで続いた(倉本一宏『公家源氏』)。

なお、『尊卑分脈』によれば、花山には出家した皇子も二人いたとされる。東大寺別当や東寺長者となった深観と覚源であるが、いずれも生母は不明である。

また、『栄花物語』では、中務と平子がそれぞれ皇女を二人ずつ産み、花山が死去に際して四人の皇女をあの世に連れていくと呪言を吐き、三人の皇女が引き続いて死亡したということになっているが、もちろん、史実としては確認できない。

ただ、花山には実際にも皇女が一人いたことは確認できる(生母は不明)。この皇女は藤原彰子に伺候していたのであるが、万寿元年(一〇二四)に盗人のために殺害されて路頭に引き出され、夜中に犬に喰われてしまうという悲惨な最期を迎えてしまったことが、『小右記』に記録されている。犯人は翌万寿二年(一〇二五）に逮捕されたが、それは隆範という僧であった。しかもその後の自白によると、藤原伊周の嫡男である「荒三位」道雅が行なわせたもののことであった。摂関家の嫡流であったはずの者が、皇統の嫡流であった天皇の皇女を殺害したこの事件は、何ともやりきれない後味を残すものである。

## 3　一条天皇と敦康親王

### 一条天皇と皇統の確定

一条天皇は、円融天皇のただ一人の皇子女として、天元三年（九八〇）に生まれた。一条を産んだ女御藤原詮子は、兼家の女で後に皇太后、そして東三条院となる人である。

しかし、円融が詮子を差し措いて、関白藤原頼忠の女の遵子を中宮に立てたことから、兼家、そして詮子と円融の関係は悪化し、詮子は実家である東三条院に里居を続けた。当然、一条の弟が生まれる機会は消滅し、円融皇統が皇位を次世代に伝える可能性は低かった。

兼家は、居貞親王（後の三条天皇）をはじめ、為尊親王・敦道親王など冷泉皇統の皇子を後見し続け、嫡流の地位を次世代に伝えるかに見えた。

ところが、冷泉・花山・三条と、冷泉系皇統の天皇は、いずれも短期間で譲位を余儀なくされ、為尊親王と敦道親王は早世し、後の話になるが三条皇子の敦明親王は東宮の地位を抛擲してしまった。

そして、一条・後一条・後朱雀と、円融皇統の天皇が長く皇位に坐り続けたために、こちらの方に嫡流が移ってしまった。一条は皇統を確立した理想の天皇として、後世、聖帝伝説まで作られることとなる（倉本一宏『一条天皇』）。それは冷泉や花山に狂気説話が作られ、三条の病悩や敦明親王の悪しき行状がことさらに強調されるのと、ちょうど裏表の現象であった。

### 一条天皇の皇子

一条は七歳で即位したため、当分は皇子の誕生は望めなかった。十一歳で元服した正暦元年（九九〇）、摂政兼家の孫女である定子（道隆の女）が入内し、中宮に立てられた。しかし、兼家が正暦元年、道隆が長徳元年（九九五）に死去し、定子の兄である伊周・隆家も長徳二年（九九六）に失脚するなど、定子の後見は弱体化していた。

しかし、長徳元年に政権の座に就いた藤原道長の長女である彰子は、長徳元年では八歳に過ぎず、道長の女から皇子が生まれるのは、当面は望むべくもなかった。一方、定子が長徳二年に一条の第一子である脩子内親王を出産するなど、その頃には一条の皇子が誕生する可能性が高まっていた。道長は、定子が皇子を産むより以前に彰子を入内させることをはかり、長保元年（九九九）十一月一日に彰子を入内させ、七日に女御宣旨が下された。

ところが、何という偶然か、彰子が女御となったのと同じ十一月七日の朝、定子は待望の第一皇子敦康を出産していた。これで一条は、一代限りという状況を打開する可能性が開けてきたことになる。一条はその喜びを隠そうとはしなかった（『権記』）。また、詮子からも御釼が

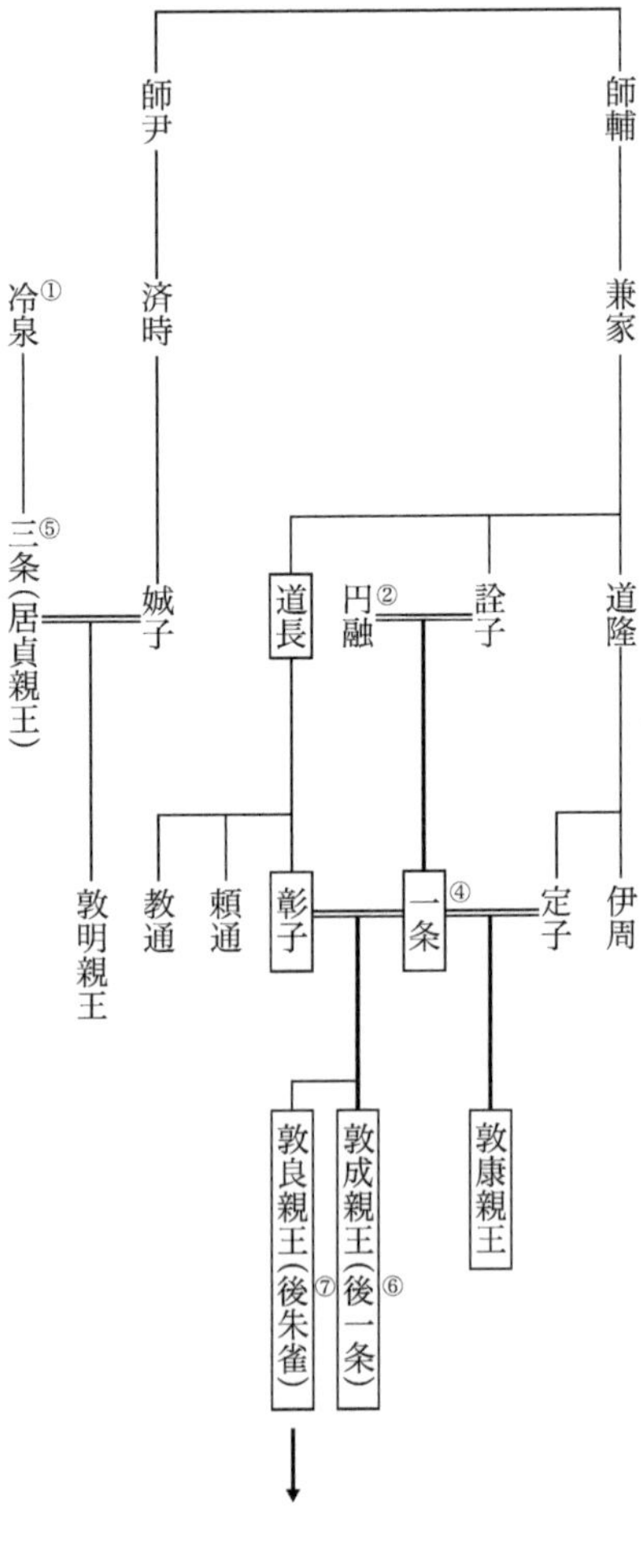

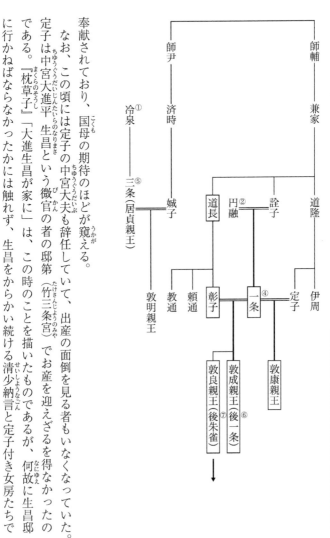

(数字は即位順、太線は嫡流、□は不慮の死を遂げた皇子)

奉献されており、国母の期待のほどが窺える。

なお、この頃には定子の中宮大夫も辞任していて、出産の面倒を見る者もいなくなっていた。定子は中宮大進平生昌という微官の者の邸第(竹三条宮)でお産を迎えざるを得なかったのである。『枕草子』「大進生昌が家に」は、この時のことを描いたものであるが、何故に生昌邸に行かねばならなかったかには触れず、生昌をからかい続ける清少納言と定子付き女房たちで

竹三条宮故地

あった。ちなみに、道長は諸卿を誘って宇治の別業に遊覧し、定子の移御を妨害しようとしたが、道長に従って宇治に赴いた者はほとんどおらず、ほとんどの公卿は自邸に籠って静観するという状況であった。

### 敦康親王

なかなか彰子が懐妊しない情勢のなか、道長は長保二年（一〇〇〇）に死去した定子の遺した敦康親王を彰子に引き取らせ、その後見を続けていた。万一にも彰子が皇子を産まなかった場合の円融皇統のスペア・カードとして、道長は敦康を懐中に収めたのである。

そしていよいよ、寛弘五年（一〇〇八）、「御物怪がくやしがってわめきたてる声などの何と気味悪いことよ」（『紫式部日記』）という状況のなか、彰子は第二皇子敦成（後の後一条天皇）を出産した。彰子は翌寛弘六年（一〇〇九）にも、第三皇子敦良（後の後朱雀天皇）を産んでいる（倉本一宏『一条天皇』）。

これで敦康親王は、道長にとってまったく無用の存在、むしろ邪魔な存在となったのである。それればかりか、外孫を早く立太子させたいという道長の願望によって、やがて道長と一条との関係も微妙なものとなる。

### 皇位の行方

一条としては、第一皇子の敦康親王をまず三条の次に即位させ、冷泉系の三条皇子敦明親王を挟んで、敦成親王や敦良親王の立太子を望んでいたはずである。いまだ若年で、敦康親王を後見していた彰子（当時二十四歳）や頼通（二十歳）は、間に敦康を挟んだとしても、敦成親王の即位を待つ余裕があった。しかし、すでに四十六歳に達していた道長としては、この時点で敦成を立太子させられないとなると、居貞親王―敦康親王―敦明親王の次までは、とても待てなかったであろう（倉本一宏『一条天皇』）。

ただし、敦成親王の立太子には、かなりの困難が予想された。言うまでもなく、定子所生の敦康親王の存在があったからである。平安時代までに皇后もしくは中宮が産んだ第一皇子で立太子できなかったのは、一条皇子の敦康親王と白河皇子の敦文親王の二人だけであるが、敦文親王は三歳で早世したものであって、これを除くと、古代を通じて例外は敦康親王のみとなり、敦康親王以前には、ただの一例も存在しなかったのである。

道長は寛弘八年（一〇一一）、一条には知らせないまま、譲位を決定した。一条は側近の藤原行成を召し、敦康親王の立太子について最後の諮問を行なった。行成は一条に同情しながらも、敦成立太子を進言した。

　行成の並べた理屈というのは、第一に、皇統を嗣ぐのは、皇子が正嫡であるか否かや天皇の優寵に基づくのではなく、外戚が朝廷の重臣かどうかによるのであり、今、道長が「重臣外戚」であるので、「外孫第二皇子」（敦成）を皇太子とすべきである。第二に、皇位というものは神の思し召しによるものであって、人間の力の及ぶところではない。第三に、定子の外戚である高階氏は、「斎宮の事」（在原業平と斎宮恬子内親王の「密通」）の後胤であるから（この部分は後世に書き込まれた可能性もある）、その血を引く敦康が天皇となれば神の畏れがあり、伊勢大神宮に祈り謝らなければならない。第四に、帝に敦康親王を憐れむ気持ちがあるのならば、年官年爵（官職と位階の推薦権）や年給の受領（知行国）を賜い、家令でも置けばよろしかろうというものであった。即位できなかった文徳皇子の惟喬親王や、老年で即位できた光孝天皇の先例が語られたのは、この時のことである。

　この道長の措置には、一条のみならず、彰子が直接的な怒りを表わしたことが、行成の『権記』に見える。敦康親王に同情し、一条の意を汲んでいた彰子は、その意思が道長に無視されたことを怨んだのである。

### その後の行く末

一条は譲位して、居貞親王が即位し（三条天皇）、敦成親王が立太子した。やがて道長は、三条を早く退位させ、敦成親王の即位を望むようになる。そして長和五年（一〇一六）に敦成親王が即位し（後一条天皇）、道長は待望の外祖父摂政の座に就いた。

しかしこの後一条即位に対する強行な措置が、実は道長の「望月」の欠け始めであった。寛仁二年（一〇一八）十二月十七日、敦康親王が死去してしまったのである。年二十歳。道長の『御堂関白記』にはその記述はなく、『小右記』に道長が藤原実資に伝えた言葉として、「式部卿敦康親王が未時に薨じた」とのみ残されている。

こんなに早く死去するのならば、一条や彰子の望んだとおり、敦康親王を先に立太子させておけば、皆はその霊に悩まされることなく、その後を安穏に過ごせたことであろうが、もはや手遅れであった。十月十六日に一家三后を成し遂げ、「この世をば」を謳った直後に敦康が死去するというのも、何とも皮肉な巡り合わせである。

寛仁四年（一〇二〇）、後一条は重く病んでいたが、もっとも恐れていた事態が出来した。道長のためについに立太子できないまま、寛仁二年に死去してしまっていた敦康親王の霊が、後一条に出現したのである。『小右記』には、「また種々の物気（物怪）が顕露した」とあるが、後一条に襲いかかった数々の霊（敦康の外戚たちであろうか）に接して、道長は何を思ったであろうか。

そして万寿四年（一〇二七）、最晩年の道長は、やはり病悩していた。その様子は、物の霊に虜われているようであり、あるいは涕泣し、あるいは大声を放つというものであったという。この年の十二月四日に道長は死去するのであるが、その際に現われた邪気（物怪）は、誰のものだったのであろうか。残念ながら、史料には残されていない。

## 4　三条天皇と敦明親王

### 冷泉皇統の終焉

当時の皇統を考えると、村上天皇の後、皇統は冷泉系と円融系に分かれ、迭立状態にあった。村上以降の皇位は、冷泉天皇、円融天皇、冷泉系の花山天皇、円融系の一条天皇と受け継がれ、冷泉系の三条天皇、円融系の敦成親王（一条皇子）、冷泉系の敦明親王（三条皇子）というように、交互に天皇位を嗣いでいった。後に敦明親王が皇太子の地位を辞退し、一条皇子の敦良親王が立太子したことによって、円融皇統の独占が確立した。

その際、結果的に一条の子孫が皇位を嗣いでいったので、あたかも最初から円融系が天皇家の嫡流であったかのような認識に陥りがちである。しかしながら、当時の常識的な皇位継承順というのは、あくまで冷泉系が嫡流だったのであり、数々の偶然の積み重ねによって、円融―一条系が皇統を嗣いでいくこととなったに過ぎない。幾度かのチャンスのうち、一つでも三条に有利にはたらいていれば、三条の子孫、あるいは三条の弟の子孫が皇統を嗣いでいった可能性が高かったのである。

花山の退位、藤原兼家の寿命、藤原済時の寿命、為尊・敦道親王の早世、一条の寿命、藤原彰子からの皇子誕生、藤原妍子からの皇女誕生、藤原道長の寿命、そして三条の寿命、これら

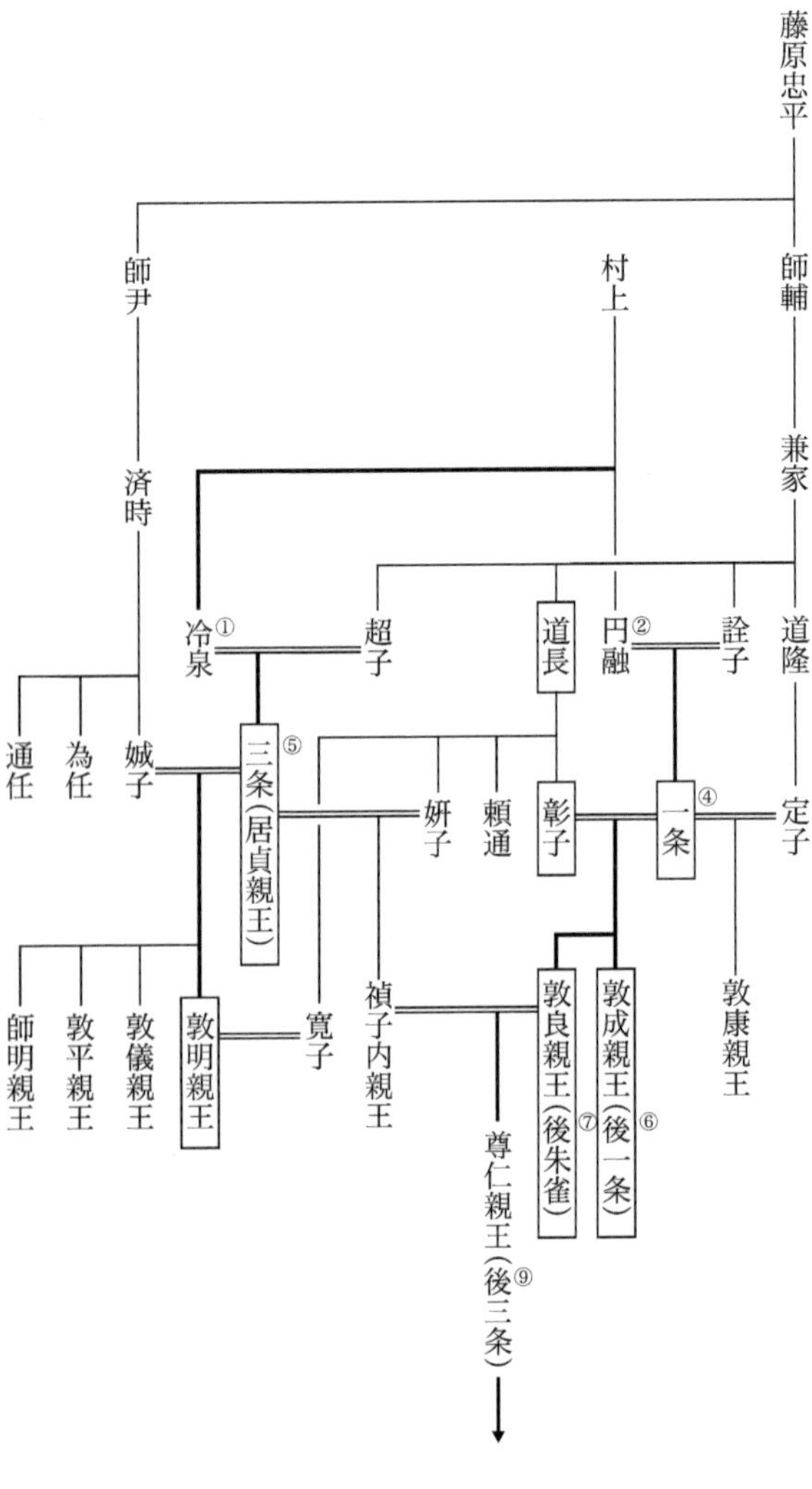


（数字は即位順、太線は嫡流、□は不慮の死を遂げた皇子）

の条件が一つでも違っていれば、事態はまったく異なる方向に向かっていたはずである。これらがすべて、道長に都合のいいように動いてしまった結果、摂関家の形成と一条皇統の確立という事態となったのである（以下、倉本一宏『三条天皇』）。

## 三条天皇の皇子たち

冷泉皇統の嫡流として、貞元元年（九七六）に藤原兼家の女超子から生まれた居貞親王は、兼家の後見を受け続けていた。寛和二年（九八六）に十一歳で元服し、同日、立太子した。以後、二十五年にも及ぶ東宮生活を続け、政治に並々ならぬ熱意を抱いていた。

寛弘八年（一〇一一）に三十六歳で一条天皇の禅譲を受け、三条天皇となった。一条と三条は、共に道長を外舅としており、ミウチ関係という点では同じ条件であったが、一条の生母である藤原詮子が長く国母として君臨していたのに対し、三条の生母である超子は早く天元五年（九八二）に死去しており、道長との連携に齟齬を来してしまっていた。そして何より、すでに成人してから即位し、政治的な意欲に満ちていたことが、逆に三条にとって不利にはたらいたのである。

さて、皇統の嫡流に相応しく、居貞親王には、その時々の執政者の女が入侍した。まずは元服の三年後、摂政兼家三女で十六歳の綏子が添臥として入侍した。しかし、綏子はすぐに里邸に退出したものと考えられる。

次いで正暦二年（九九一）、兼家が死去した直後に、居貞親王は新しい妃として、二十歳の藤原娍子を迎えた。娍子は大納言藤原済時の長女である。

正暦四年（九九三）に娍子は懐妊するのだが、その時、『小右記』によれば、観修が娍子平産の祈禱をしていたところ、藤原師輔の「猛霊」が出現し、「（九条家の）子孫繁栄のために、小野宮家の子孫が滅亡するようにとの内外の祈願を行なった。小野宮家の子孫が生まれる時には御産を妨害する。（小野宮家の者ではないものの）娍子の御産の際にも、他の「同胤」を断つために、妨害するのである」と告げたというのである。外戚関係の構築が、執政者としての繁栄の基礎に直結するとはいえ、何ともおぞましい話である。結局、娍子は敦明親王をはじめとする四人の皇子と、二人の皇女を産み、最後まで三条を支え続けることとなる。

次に、兼家の後を継いで摂政・関白の座にあった藤原道隆は、すでに病も篤くなっていた最晩年の長徳元年（九九五）、二女で十五歳とされる原子を居貞親王の妃として入侍させた。しかし、直後に道隆は死去し、道長政権が成立した。なお、原子は長保四年（一〇〇二）に急死している。

そして寛弘七年（一〇一〇）、道長二女で十七歳の妍子が居貞親王に入侍した。道長は、兼家や道隆と同じように、円融・冷泉両皇統に自己の女を入れたのである。しかし、妍子は敦明と同じ年齢で、当面は皇子を産むことは望めなかった。なお、この寛弘七年、敦明は右大臣藤原顕光二女の延子と結婚している。

寛弘八年六月、居貞親王は即位して三条天皇となった。同日、道長長女の彰子所生の敦成親王が東宮に立っている。そして三条は、妍子と娍子に女御宣旨を下し、娍子所生の四人の皇子

（敦明・敦儀・敦平・師明）と二人の皇女（当子・禔子）を親王・内親王とした。

明けて長和元年（一〇一二）二月、三条は妍子を中宮に立てた。父道長の勢威から考えて、きわめて妥当な措置であった。ところが、三月に入ると、三条は娍子を皇后に立て、一帝二后を再び現出させようとした。娍子、ひいては敦明親王をはじめとする皇子たちの存在意義を低下させまいという三条の強い意志が窺える。妍子から皇子を儲ければ、自己の皇統を存続させることができるはずの三条であったが、やはり長い年月を共に過ごした娍子、そしてその娍子が産んだ皇子たちを見捨てることはできなかったものと思われる。

娍子立后の儀は四月に行なわれたが、道長がその日に妍子の内裏参入をかち合わせて、結果的に娍子立后の儀への公卿や諸司の参入が少なくなってしまった。

そして十月、妍子は懐妊した。もしも妍子が皇子を産めば、道長はその皇子を後見し、冷泉皇統も後世にまで存続したはずであった。しかしながら、翌長和二年（一〇一三）七月に誕生したのは、皇女であった。後に禎子と名付けられ、後朱雀天皇（敦良親王）の中宮として尊仁親王（後の後三条天皇）を産んだ皇女である。尊仁親王の即位によって、摂関政治は終焉を迎えることになるのであるが、それは後の話である。

長和三年（一〇一四）から、三条は眼病を患い、妍子から第二子が誕生する可能性も消えてしまった。それ以降、三条に対して退位を迫る道長と、敦明親王を立太子させようとする三条との攻防が繰り広げられた。

## 敦明親王のこと

敦明親王は、三条天皇の第一皇子として、正暦五年（九九四）に生まれた。三条が即位した寛弘八年に親王宣下を受け、三品に叙されて式部卿に任じられた。長和二年に一品に上った。しかし、三条が敦明親王の立太子を道長と折衝している間も、当の敦明親王は、はなはだ芳しくない行状を続けていた。長和三年六月には加賀守を拘致するという事件を起こし、十二月には敦明親王の雑人が、藤原定頼の従者と闘乱に及び、敦明親王自身が定頼を打擲しようとしている。

長和四年（一〇一五）に入っても、四月に検非違使が拘禁していた盗人（実は敦明親王の下部）が獄から出て逃げ去り、敦明親王の居住する堀河院に入った。そして盗人を追いかけて堀河院に入った検非違使庁の看督長や放免が、敦明親王家の雑人によって縄をかけられ、ひどく打擲されるという事件が起こった。翌日には何と、検非違使別当の家に敦明親王家の雑人が来て、濫行を行なった。道長は、「このような乱行は、ただこの親王の周囲にばかり起こる。右大臣（顕光）が不覚（愚か）であって、親王の乱行を留め申さなかったのである。主上（三条）からは、勘当は無かった。奇怪なことである、奇怪なことである」と『御堂関白記』に記している。閏六月には、敦明親王の家人が受領の宅を廻り、物を乞うているという訴えがあった。

十月には、道長はしきりに三条に譲位を責め催したのみならず、「三条の皇子たちは東宮の器ではないから、東宮に立てるわけにはいかない。故院（一条天皇）の三宮（敦良親王）こそ東宮に立つに相応しい」と言った。しかし十二月、道長も敦明の立太子を認めるしかなくなった。三条にとっては、これは十分に勝利を勝ち取ったと評価できるであろう。

長和五年（一〇一六）正月の敦成親王即位に伴って、新東宮に立つことが決まっていた敦明親王であったが、その東宮司に就くことを忌避する者が多かった。明らかに道長が望んでいない東宮に仕えるのは、道長の意中を考えると政治的に有利にはたらくことはないし、敦明親王自身の性格や行状を考えると、積極的にこれを補佐する気にはなれなかったのであろう。敦明親王が無事に東宮であり続け、年少の後一条の次の代の即位にまで漕ぎ着けるかどうかは、まだこの時点では未知数だったと考えられていたはずである（実際、その通りになった）。

その後、敦明親王は、東宮に立つのを避けたいと言い出した。「譲位後の三条天皇のお供に伺候したいから、新東宮については、よく考えて定めるべきである。他の宮、たとえば敦儀親王を東宮に立てたらどうか」などと言っていたという。藤原懐平は、「あの宮の心は、通例の人には似ていない。制止したとしても、留めることはできない。独りで走り出してしまおうという気持ちである」と語っている。また、世間の人は、「敦明は東宮に居続けることは難しいのではないか。夜に臨んで、密かに堀河院に行かれるようなことが有るのではないか」と噂しているとのことである（『小右記』）。

つくづく皇位には向かない人のようであるが、これも道長の後見が受けられそうもないといった観測から、自暴自棄となっているものかもしれない。

## 東宮敦明親王の遜位

何とか新東宮に立った敦明親王であったが、それも父院の三条院がいてくれればこその地位であった。寛仁元年（一〇一七）五月に三条院が四十二歳で死去すると、敦明親王の権力基盤は、きわめて脆弱なものとなった。しかも、本人に皇位への執着があまりなく、その外戚（藤原通任や為任）も姻戚（顕光）も頼りにならず、相変わらず権力を握っている道長が後一条の弟である敦良親王の立太子を望んでいることが自明である以上、敦明親王が東宮の地位から降りることは、時間の問題であったのかもしれない。

その情報は、八月四日に、道長四男の能信からもたらされた。東宮蔵人の源行任が能信の許を訪れ、「敦明親王が、『この東宮の地位を、何とかして辞めたいものだ』と言っている」と告げたのである。ここで問題なのは、本当に敦明親王が東宮からの遜位を計画していたのかという点である。行任が告げた言葉というのも、敦明親王が愚痴の類を漏らしただけに過ぎないようにも聞こえてくる。後の敦明親王の様子を見ると、側近に勢い（や酔い）に任せて愚痴をこぼしたら、そいつが道長の意を得ようとして注進に及んだという感じもするのである。

翌八月五日、敦明親王の許に遣わしていた能信が、道長の許に還って来て、報告した。「東宮の遜位については、決定しました。今朝の内に、早く東宮の許に参入してください」と。これも能信の一人芝居のような観がある。後に尊仁親王の即位をめぐって暗躍する能信であることを考えると、この時にも政治的に動いていたのかもしれない。

八月六日、いよいよ敦明親王と道長との会談が行なわれた。道長は、遜位の意向は確かに承ったが、よく考えてから言い出すべきこと、また娍子や顕光が何と言っているかを問うた。敦明が言うには、母宮は不快（病気に近い意味か）となられ、顕光は「心に任されよ」と言ったとのことであった。また、「この何日かの間、思い定めて申し上げたことです。早くこの東宮の号を停め、しかるべき処置を定めて宣下してください」と語っている。なお、娍子がどうこうしたというのは、どうも偽り（か誤り）のようである。

また、後に道長が藤原実資に語ったところによると、敦明は次のように、遜位の背景を道長に語ったという。「自分には輔佐する人が無い。春宮坊の業務は、有って無きがごときものである。院（三条）が崩御した後は、ますますどうしようもなくなった。東宮傅（顕光）と春宮大夫（藤原斉信）は、仲がよくない。まったく自分のために無益にしかならない。辞遁するに越したことはない。そうすれば心閑かに休息できよう。ただし、一、二人だけ、召し仕う者を取りはからってもらいたい」と。

道長は関白頼通と協議に入り、年官・年爵・封戸は元のとおり、別に敦明の要望を受けて受領給と随身を賜うということで決着した。「東宮の機嫌は、はなはだ能かった」というのも、プレッシャーとストレスからの解放によるものであろう。

道長は内裏に参り、次いで彰子の許に参って、報告を行なった。「皇太后宮（彰子）のご様子は、云うべきではない」というのは、いまだに敦康親王の立太子を望んでいた彰子の対応（おそらくは怒り）を指しているのであろう。

敦明親王の遜位は、ほとんどの人々にとって、宮廷社会の安定をもたらすものとして、歓迎されていたはずである。敦明親王が即位した際に起こりそうな、道長（あるいは頼通）と敦明親王との軋轢《あつれき》、また顕光と道長家との政治抗争、あるいは道長も顕光も死去した後の、外戚のいない天皇（顕光の息男は、一人は早世、一人は出家《しゅつけ》している）と、天皇家とミウチ関係のない執政者（頼通あるいは教通《のりみち》）とのぎくしゃくした関係など、誰も望んではいなかったはずである。

八月七日、公卿が多く道長の許に集まり、敦良親王の立太子が決定した。

なお、八月八日に娍子の許を訪れた藤原行成《ゆきなり》は、娍子の怒りを目《ま》の当たりにしている。その時、敦明親王は、口を閉じて色を失い、頗《すこぶ》る後悔した様子があったという。娍子は、「これは本意《ほい》ではないから、さっそくに道長と談判《だんぱん》するように」と語っているが（『立坊部類記《りつぼうぶるいき》』所引『権記《ごんき》』）、すでにすべては決した後で、もう遅かった。

興味深いのは、八月二十三日になって、新東宮敦良親王に壺切御剱《つぼきりのみはかし》が移されたということである。代々の御物《ぎょぶつ》であるこの剱を、道長は敦明親王には渡さずにおいたのである。

一方の敦明親王は、八月二十五日、小一条院《こいちじょういん》と号することとなった。そして十一月には道長三女の寛子《かんし》と結婚し、これで道長家の婿として、堀河院とは至近の近衛御門《このえみかど》（高松殿《たかまつどの》）に入ったのである。それまで妃《ひ》であった延子と所生の王子女（敦貞《あつさだ》・栄子《えいし》・敦昌《あつまさ》）、そして顕光を棄ててのことである。これで顕光は悪霊《あくりょう》として道長家に祟《たた》ることになる。延子は二年後の寛仁三年（一〇一九）に「心労《しんろう》」によって死去している。

小一条院は、寛子との間に、寛仁二年（一〇一八）に儇子《かんし》女王、寛仁三年と寛仁四年（一〇

小一条院故地

二〇）に皇子（二人とも夭折）、治安三年（一〇二三）に敦元王を儲けている。

この間にも、治安元年（一〇二一）に紀伊守の髪を執り、打ち伏せて蹴り踏んだり、治安三年に賀茂祭で高階業敏の烏帽子を取って引きずり回したりという行状が続いている。

そして長久二年（一〇四一）に出家、永承六年（一〇五一）に死去した。五十八歳。なお、寛子の方は万寿二年（一〇二五）に死去している。二十七歳であった。年来、「霊気」（物怪）を煩っていたとある。

ちなみに、小一条院の妃としては、他に基平王・敦賢王を産んだ藤原頼宗女（道長の孫女）などが知られる。これらのうち、基平王は臣籍に降下し、源基平となった。その女の源基子は、後三条と藤原茂子（能信の養女）との間に生まれた聡子内親王の女房であったが、後三条の寵を受け、実仁親王と輔仁親王を産んだ。実仁親王は、茂子の産んだ貞仁親王が即位すると（白河天皇）、後三条の意向によって、その皇太弟に立てられたが、即位の日を見ることなく、応徳二年（一〇八五）に病死した。

後三条は、道長と対抗した三条天皇、そして道長によって東宮の地位を追われた敦明親王の血を引く実仁親王、次いで輔仁親王の立太子を望んだのである。「後三条」という諡号も、自ら望んだものとされる。

# 第七章　院政と皇子

三条天皇の後、後一条天皇（敦成親王）には皇子は生まれず、後朱雀天皇（敦良親王）の次には、後朱雀皇子である親仁親王が後冷泉天皇として即位した。

治暦四年（一〇六八）に後冷泉も皇子を残せないまま死去すると、摂関家とミウチ関係のない尊仁親王が、二十三年間の東宮生活を終え、三十五歳で即位した（後三条天皇）。宇多天皇以来百七十年ぶりに藤原氏を外戚としない後三条の即位と共に、道長が全盛期を現出させた摂関政治は終焉を迎えたのである。

ところが、実仁親王、次いで輔仁親王へと、敦明親王（小一条院）の血を引く皇子を即位させるという後三条の皇位継承構想に反した後三条皇子の白河天皇（貞仁親王）は、皇位に居坐り続けたのみならず、自己の皇子である善仁親王に譲位し（堀河天皇）、八歳の堀河の天皇大権を代行するため、上皇として院政を始めた。

この後、すべての上皇が院政を行なえるわけではなく、「治天の君」と称された上皇のみが、院政を行なうことができるようになり、「治天の君」をめぐる争いが、武力を背景に繰り広げられることになった。

その間にも、数多くの皇子が誕生し（后妃の家柄が以前ほど問われなくなったためでもある）、「即位できない皇子たち」は、再生産され続けることになった。

## 1　後三条天皇と実仁親王・輔仁親王

### 後三条天皇の皇位継承構想

後三条天皇は、東宮時代に藤原公季の子孫（閑院流）で藤原能信の養女となっていた茂子を妃とし、貞仁親王（後の白河天皇）を儲けていた。この貞仁親王が東宮に立ったが、即位後、元々は女房であった源基子との間に、実仁親王を儲けた（後三条の譲位後に、基子から輔仁親王も生まれている）。

多少なりとも藤原氏との関わりを持つ貞仁親王の後に、道長と対抗した三条天皇、そして道長によって東宮の地位を追われた敦明親王の血を引く実仁親王の立太子を望んだ後三条は、延久四年（一〇七二）に東宮貞仁親王に譲位し、実仁親王を新東宮に立てた。この後、院政を行なおうとしたかどうかは議論の分かれるところであるが、後三条は翌延久五年（一〇七三）に死去してしまう。なお、実仁親王の立太子は、摂関家との関係を悪化させていた後三条の生母禎子内親王（陽明門院）が望んだものという推定もある（美川圭『院政』）。

白河に対する影響力を保持しようとした後三条であったが、譲位の翌年に死去する際には、白河に、実仁親王が即位した後に輔仁親王を皇太弟とするよう遺言した。

しかし、白河は皇位に坐り続け、応徳二年（一〇八五）に実仁親王が死去すると、輔仁親王の立太子を阻止するため、村上源氏で藤原師実の養女となっていた源賢子との間に生まれていた善仁親王を応徳三年（一〇八六）に皇太子に立て、その日のうちに譲位した（堀河天皇）。これが中世への序曲の開幕となるのである。なお、賢子との間に生まれていた敦文親王は、すでに承暦元年（一〇七七）に三歳で死去していた。

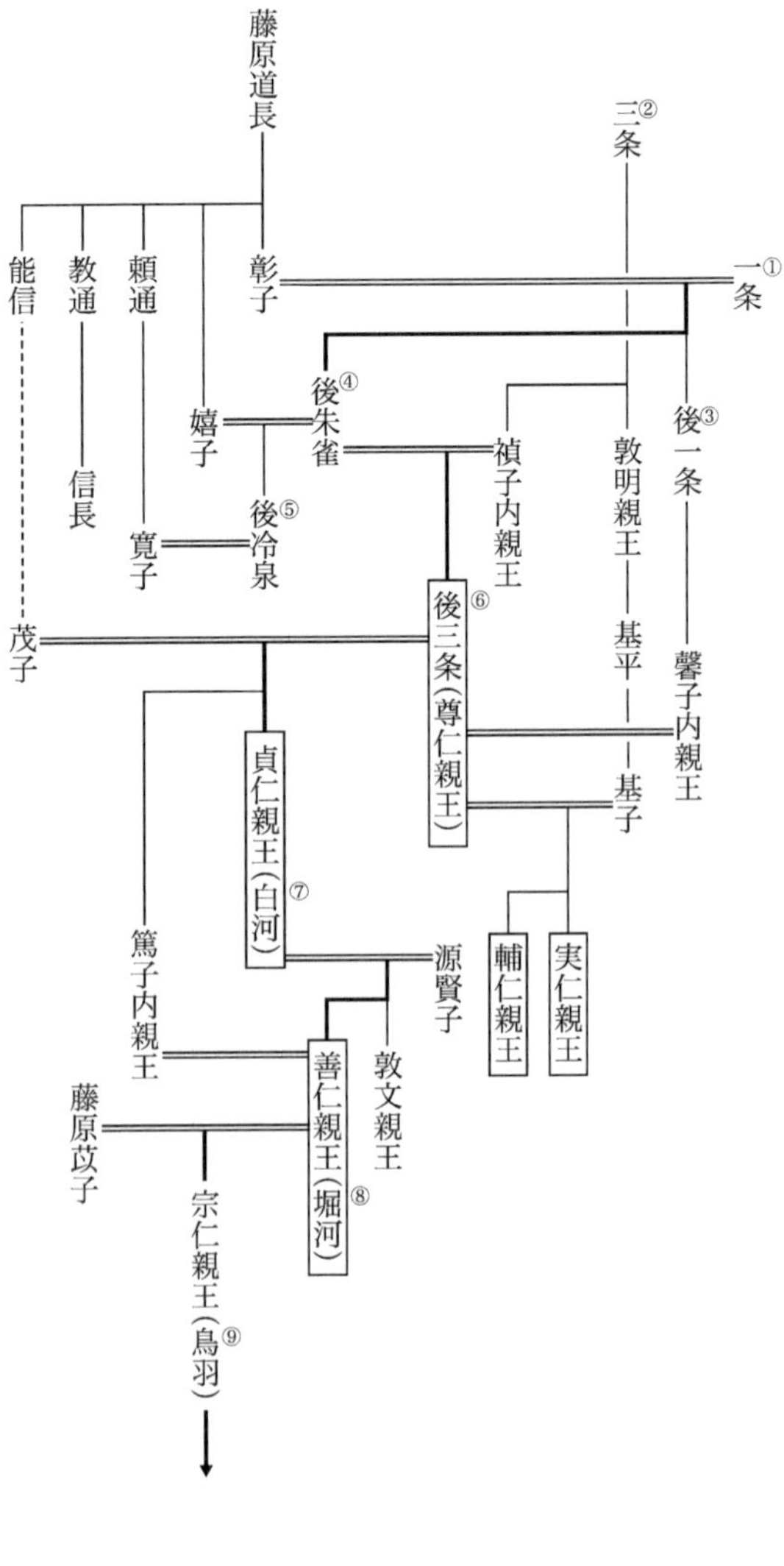


（数字は即位順、太線は嫡流、□は不慮の死を遂げた皇子）

そして八歳の堀河の大権を代行するため、白河上皇が院政を始めたのである。幼少の天皇の政事を母方のミウチである摂政が代行する摂関政治に代わって、父方のミウチである院が代行するという政治体制である。

## 後三条天皇の皇子たち

後三条は後一条天皇第二皇女の馨子内親王を中宮としたが、皇子女の誕生はなかった。東宮時代に御息所としていた藤原公成の女で藤原能信養女の茂子（贈皇太后）は、すでに康平五年（一〇六二）に死去していたが、四人の皇女（聡子・俊子・佳子・篤子）と第一皇子貞仁親王を産んでいた。これらのうち、俊子内親王は伊勢斎宮、佳子内親王は賀茂斎院に配され、篤子内親王は堀河天皇中宮となっている。そして天喜元年（一〇五三）に生まれた貞仁親王が白河天皇となるのである。

即位後、第一皇女聡子内親王に女房として仕えていた源基子（父は敦明親王男の参議源基平、母は藤原隆家男の良頼女）が後三条の寵愛を得て女御となり、延久三年（一〇七一）に実仁親王、延久五年（一〇七三）に輔仁親王を産んだ。なお、基子は延久五年の後三条死去後に出家し、長承三年（一一三四）に八十六歳で死去している。

なお、後三条には他に、藤原頼宗女の昭子が女御となったが、皇子女の誕生はなかった。また、平経国女の親子が掌侍として後三条の寵を受け、皇子を儲けたが、その皇子は藤原顕綱の養子として育ち、藤原有佐となった。

## 皇太弟実仁親王

第二皇子実仁親王は、延久三年二月に生まれ、八月に親王宣下を受けた。延久四年十二月に後三条が譲位し、異母兄貞仁親王が践祚すると(白河天皇)、二歳で皇太弟に立った。誕生前に外祖父源基平はすでに死去しており、後見のない状況であったが、祖母である陽明門院(禎子内親王)の寵愛を得ていたことから、その即位は当然のことと受け取られていたはずであった。

実仁親王は、承保二年(一〇七五)に着袴の儀を挙げ、承暦二年(一〇七八)に読書始を行ない、「実に美しく大人びていらっしゃる」と賞された。永保元年(一〇八一)に元服したが、応徳二年十一月、疱瘡に罹って死去した。まだ十五歳であった。鳥辺野で葬送され、遺骨は仁和寺に納められた。

## 輔仁親王について

重態の後三条から白河に、実仁親王に続く皇位継承を命じられていた輔仁親王であったが、それが実現することはなかった。自己の皇子に皇位を伝えることを望んだ白河が、その命を反故にしてしまったのである。

第三皇子輔仁親王は、後三条の死去に先立つ延久五年正月に生まれた。承保二年に親王宣下を受けた。

塩小路烏丸第故地

応徳二年十一月に同母兄実仁親王が死去すると、白河は翌応徳三年十一月、白河第二皇子の善仁親王（後の堀河天皇）を立太子させ、即日、譲位を行ない、院政を開始した。

輔仁親王は即位の望みを失い、仁和寺花園の地に閑居した。寛治元年（一〇八七）に陽明門院御所である室町第で元服したが、白河上皇から冷遇され、品位を与えられなかった。寛治六年（一〇九二）に故関白藤原教通の二条烏丸第に移っている。

堀河天皇に第一皇子宗仁親王（後の鳥羽天皇）が生まれる以前は、村上源氏を中心として、輔仁親王の立太子に期待する勢力も根強かった。『台記』によると、鳥羽は、「朕（鳥羽天皇）が未だ生まれない以前は、故堀河院が疾病になると、天下は心を三宮（輔仁親王）に帰した。故白河院が深く歎いておっしゃったことには、『朕（白河院）は出家したとはいっても、未だ受戒していない。また法名も付けていない。若し陛下（堀河天皇）に万が一の事があれば、重祚しても何事が有るであろうか」と語ったという。白河にとって、輔仁親王の存在は、常に気に掛かるものだったのである。

さらにその後、永久元年（一一一三）には、輔仁親王の護持僧である仁寛（源俊房男）を首謀者とする鳥羽天皇暗殺落書事件（永久の変）が起こり、輔仁親王は皇位継承の可能性が完全に絶たれ、塩小路烏丸第に閉門謹慎するに至った。

そして元永二年（一一一九）、年来の飲水病（糖尿病）に加えて二禁（腫物）を併発し、出家したものの、死去している。四十七歳。観音寺の北辺に葬られた。

『中右記』には、時の人は、「才智が甚だ高く、能は文章に有る。天が良き人を棄てたのは、誠に惜しいことよ」と評して、不遇の死を悼んだとある。その詩歌は、博学多才を謳われた醍醐天皇皇子の兼明親王と並び称されるほどと評され、『本朝無題詩』に二十五首、『新撰朗詠集』に五首、収められ、『金葉和歌集』以下の勅撰和歌集に十七首が入集している。

いずれにせよ、これで冷泉皇統の血脈は完全に途絶え、白河―堀河―鳥羽と続く院政期を迎えることとなったのである。

## 2　崇徳天皇と重仁親王

### 崇徳天皇という存在

崇徳天皇（顕仁親王）は、鳥羽天皇の第一皇子として元永二年（一一一九）五月に三条西殿において生まれた。母は閑院流藤原公実の女の皇后璋子（後に待賢門院）。押しも押されもせぬ皇統の嫡流であった。『中右記』には、「曾孫の皇子を見るのは、我が朝には未だ例はない。上皇（白河法皇）の大幸は古今に冠絶している」と記されている。六月に親王宣下を受けた。

曾祖父白河の意向により、保安四年（一一二三）正月に立太子し、二月に五歳で践祚したが、その後も白河の院政が続いた。

しかし、大治四年（一一二九）に「すでに専政主である」と評された白河が死去し、鳥羽上皇の院政が始まると、崇徳の立場は厳しくなり、保延五年（一一三九）に鳥羽の寵妃藤原得子（後に美福門院）の産んだ生後三箇月の第六皇子体仁親王（後の近衛天皇）を皇太弟に立てさせられた。

鳥羽は白河が定めた崇徳の直系を否定し、近衛を直系としたのである。二年後の永治元年（一一四一）に鳥羽は崇徳に退位を迫り、崇徳は三歳の体仁親王に皇位を譲らざるを得なくなった（近衛天皇）。

さらに鳥羽は、崇徳第一皇子の重仁親王と、崇徳同母弟の雅仁親王（後の後白河天皇）第一皇子の守仁王（後の二条天皇）を近衛の猶子とした。近衛が皇子を得られない場合でも、近衛を嫡流としようとする意図によるものである。

院政を行なえない上皇となった崇徳は深く鳥羽を怨み、これも次の大乱の原因となったが、それでもなお、崇徳は実子重仁親王が即位し、院政を行なうことに望みをつないでいた。

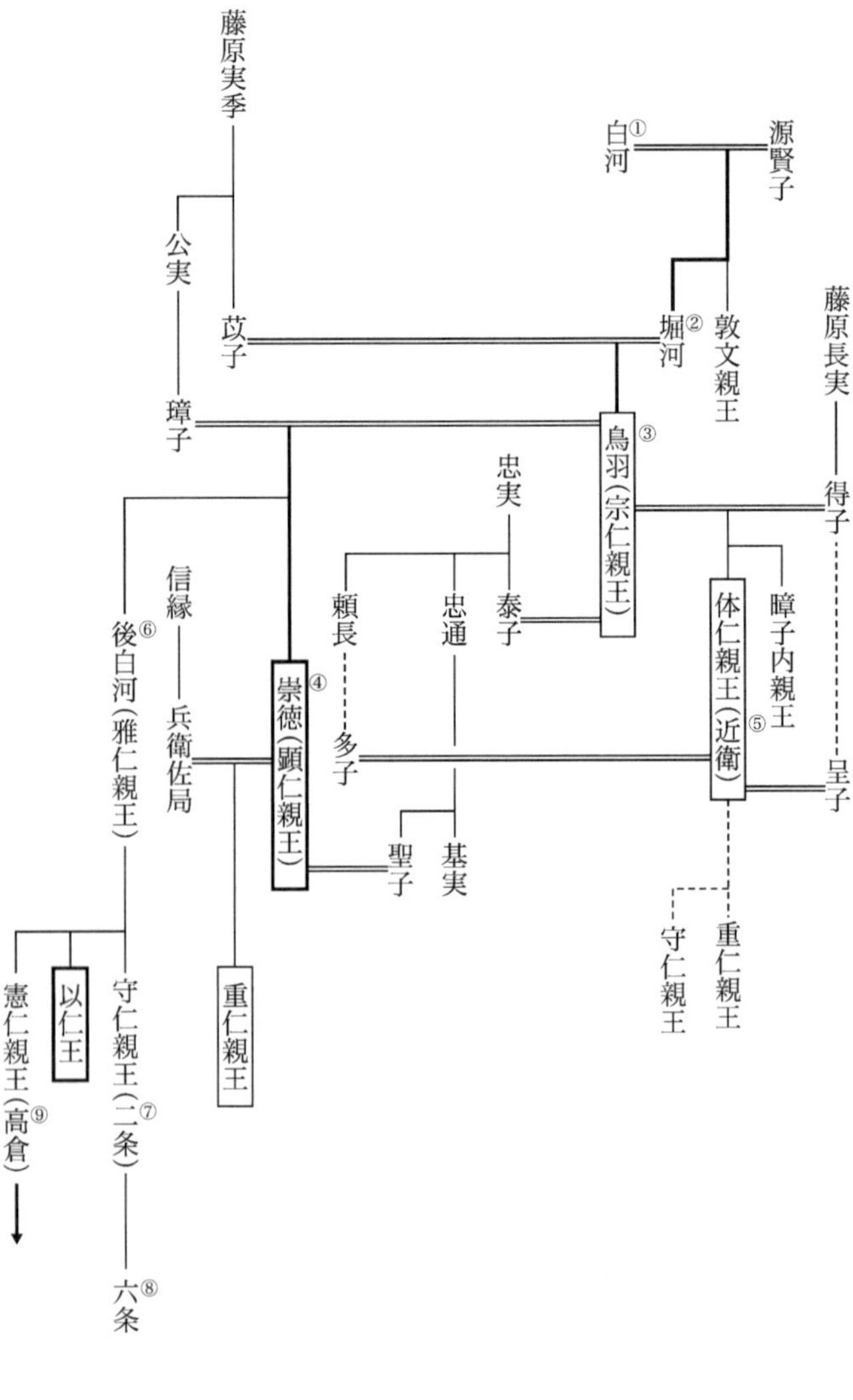


（数字は即位順、太線は嫡流、□は不慮の死を遂げた皇子）

## 重仁親王の蹉跌

重仁親王は、崇徳天皇第一皇子として、保延六年（一一四〇）に生まれた。母は大蔵卿源行宗の養女で法印信縁（小野宮流藤原季実の子）の女、内裏女房を勤めていた兵衛佐局である。美福門院に引き取られて育ち、永治元年（一一四一）に親王宣下を受け、久安六年（一一五〇）に元服し、三品に叙された。

天子摂関御影（崇徳院）宮内庁三の丸尚蔵館所蔵

久寿二年（一一五五）に近衛天皇が十七歳で死去すると、新天皇には、崇徳皇子重仁親王、雅仁親王皇子守仁王、そして近衛の姉の暲子内親王（後の八条院）が候補に上った。宮廷では、崇徳上皇が関白藤原忠通の異母弟である頼長と結んで近衛を呪い殺したという噂が流された。これに怒った鳥羽は、重仁親王ではなく崇徳の弟の雅仁親王を即位させた（後白河天皇）。こうして今様に熱中する暗愚な新天皇が誕生し、その下で日本は武家社会へと転換していくことになるのである。

これで重仁親王即位の可能性が消え、崇徳父

仁和寺本堂

子は皇統から外された。『兵範記』では、崇徳がこれに強い恨みを抱いたことを、保元の乱の原因と記している。頼長の内覧も停止され、失脚が決定的となった。その過程で、『古事談』が語るような、崇徳が実は白河と待賢門院璋子（崇徳・後白河の生母）との密通の子であるという噂が、忠通によって流布されたという推測（美川圭『院政』）は、的を射ているものと思われる。

### 保元の乱と重仁親王

摂関家、天皇家（王家）、そして院近臣の各グループと、各政治勢力の内部で深い確執を抱えながら、新時代が始まった。それぞれの確執は武力を背景にしており、一触即発の危機を抱えていたが、鳥羽の存命中は、かろうじてバランスを保っていた。しかし、鳥羽の寿命は、意外に早く尽きることになるのである。

保元元年（一一五六）七月二日、鳥羽が死去した。崇徳は臨終の直前に見舞いに訪れたが、対面することは許されなかった。権力基盤の脆弱な後白河は、崇徳と頼長を挑発して、保元の乱を起こした（元木泰雄『保元・平治の乱』）。謀反人とされた頼長は、やむなく崇徳を担ぐこととなった。

七月十一日の未明に戦闘が開始され、約四時間で後白河側の勝利で決着した。この間、重仁親王は女房車で仁和寺に逃れようとして、捕らえられた。重仁親王は後に仁和寺に入って出家した。十三日になって、崇徳が投降し、讃岐国に流罪となった。八年間の讃岐生活の後、長寛二年（一一六四）に死去した。怨霊伝説が作られたのは、さらに後のことである。

重仁親王は寛暁大僧正の許で仏道に励んだが、応保二年（一一六二）に足の病により、父母に先立って死去した。なお、重仁親王は出家後、父母の流された讃岐に行き、二十三歳で亡くなるまで、父母の近くで暮らしたとの伝説もあり、現香川県高松市番丁の薬王寺には重仁親王墓がある他、高松市檀紙町には崇徳の白峯御陵に向かうかたちで重仁親王廟まで作られている。

## 3　後白河天皇と以仁王

### 後白河天皇の皇子たち

本来は守仁王への中継ぎとして即位したはずであった後白河天皇は、その後も権力の座に坐

天子摂関御影（後白河院）宮内庁三の丸尚蔵館所蔵

り続けた。在位中、保元元年（一一五六）に起こった保元の乱に勝利することによって崇徳上皇とその皇統を葬り、保元三年（一一五八）に守仁親王に譲位して（二条天皇）、院政を始めた。後白河院政は、一時の中絶があったものの、二条・六条・高倉・安徳・後鳥羽天皇の五代、三十数年にも及んだ。

二条天皇は、雅仁親王（後の後白河天皇）の第一王子として、康治二年（一一四三）に生まれた。母は大納言藤原経実の女の懿子。懿子が出産直後に死去したため、鳥羽上皇の寵妃であった美福門院（藤原得子）に養育された。誕生当時は雅仁親王が即位する可能性は低かったため、親王宣下も受けず、諱も与えられずに、九歳で仁和寺に入った。父とは異なって秀才を謳われ、久寿二年（一一五五）七月に近衛天皇が死去すると、後継者候補に挙げられた。九月に還俗して親王宣下を蒙り、「守仁」と命名されて、即日、立太子し、十二月に元服して、美福門院所生の姝子内親王を妃に迎えた。

保元三年に十六歳で即位すると、院政を始めた後白河院とは確執を見せるようになり、親政を志向するようになった。平清盛の協力を得て、平治元年（一一五九）の平治の乱を乗り切っ

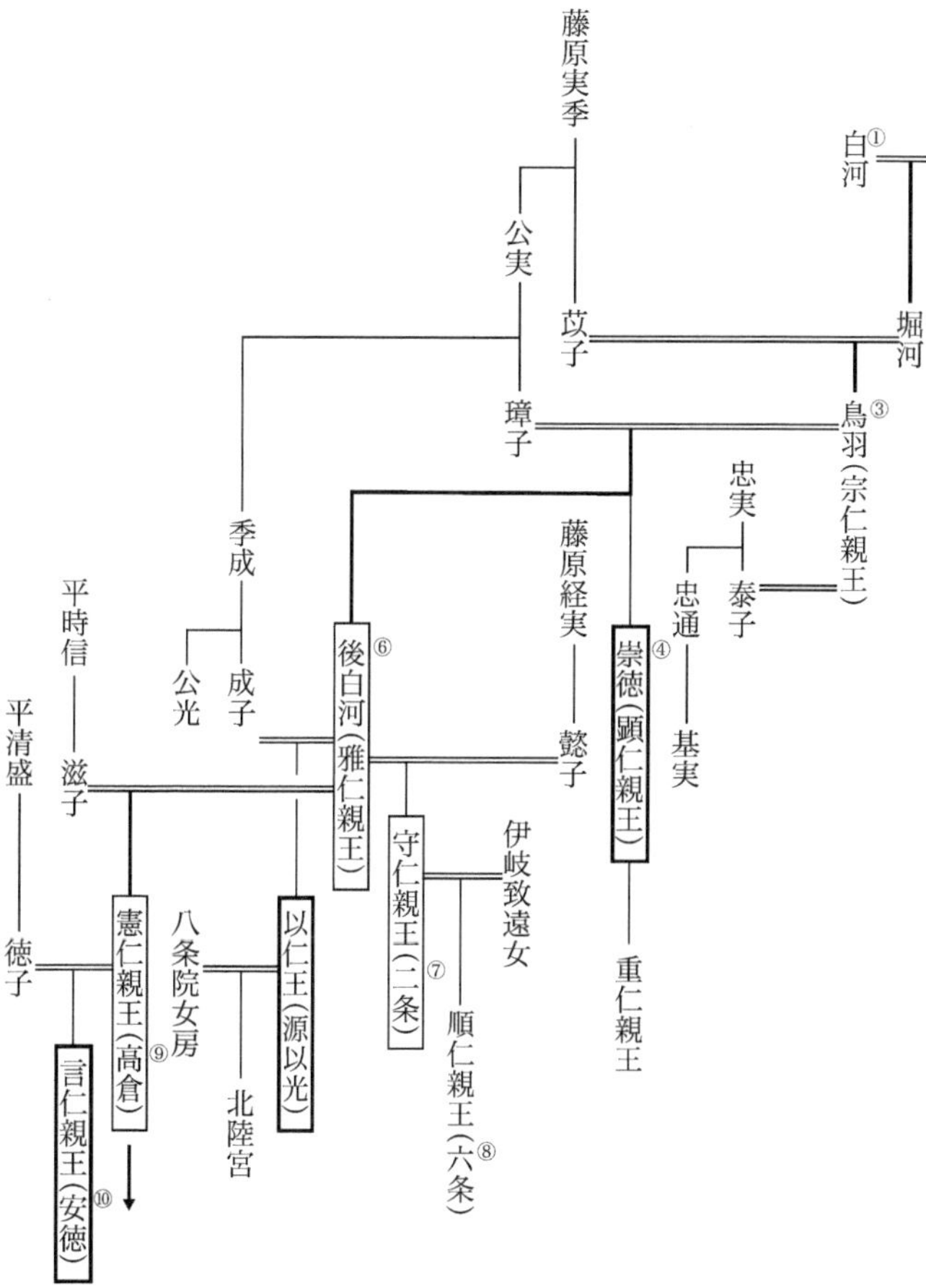


（数字は即位順、太線は嫡流、□は不慮の死を遂げた皇子）

たものの、永万元年（一一六五）二月に病に倒れ、前年に生まれていた実子の順仁親王を六月に立太子させ、即日、譲位したが（六条天皇）、七月に死去した。二十三歳。

これで後白河は息を吹き返し、憲仁親王（母は平時信女の滋子）に親王宣下を行なって、後継者に位置付けた。数えで二歳の六条には、これに対抗する手立てもなく、仁安三年（一一六八）二月に憲仁親王に譲位させられ（高倉天皇）、安元二年（一一七六）に死去した。十三歳。

その一方で、後白河には、他に中宮藤原忻子（徳大寺公能女）や女御藤原琮子（三条公教女）からは皇子女の誕生はなかったものの（個人的な嗜好によるものであろう）、藤原成子（高倉三位、藤原季成女）から皇子二人（守覚法親王・以仁王）と皇女四人（伊勢斎宮二人と賀茂斎院一人）、坊門局（平信重女）から皇子三人（円恵法親王・定恵法親王・僧恒恵）、坊門殿（徳大寺公能女）から皇女一人（伊勢斎宮）、三条局（僧仁操女）から皇子二人（道法法親王・僧真禎）、丹波局（遊女、紀孝資女）から皇子二人（静恵法親王・承仁法親王）、右衛門佐（八条院女房、藤原資隆女）から皇子一人（名は不明）、高階栄子（丹後局、僧澄雲女）から皇女一人と、（よく言えば）様々な階層の女性から、合わせて皇子十二人、皇女六人と、多くの皇子女を儲けた。

それらの皇子のうちで、親王宣下を受けたのは、二条天皇となった守仁親王と高倉天皇となった憲仁親王のみで、他はほぼすべて出家させているのが特徴である。こうなると、親王宣下も受けず、出家もさせられていない第三皇子以仁王という存在の特異性が浮かび上がってくる。

## 以仁王について

後白河天皇の第三皇子（出家した守覚法親王を勘定しなければ第二皇子）として仁平元年（一一五一）に生まれた以仁王は、親王宣下が行なわれなかった。生母は閑院流の藤原季成の女である成子なのであるから、鳥羽・崇徳・後白河天皇と同格である。それまでの常識では、堂上平氏の平時信の女である滋子から生まれた異母弟の憲仁親王よりは、はるかに優越していたはずである。

以仁王が親王宣下を得られなかったのは、生母の出自とは関係なく、他の原因があったはずである。それはこれ以上の閑院流藤原氏の外戚化を望まないとか、堂上平氏出身の生母を持つ憲仁親王の立場を危うくしないとかの事情によるものであろう。

幼くして天台座主最雲（堀河皇子）に預けられるが、出家・得度をせず、応保二年（一一六二）に最雲が死去したので、『平家物語』によると、永万元年（一一六五）に十五歳で人目を忍び、近衛河原の大宮御所で元服したという。その後、八条院暲子内親王の猶子となった。三条高倉に邸があったため、三条宮・高倉宮と称された。現在の京都府京都文化博物館の建つ地である。

英才の誉れ高く、学問や詩歌、特に書や笛に秀でていたとされ、その時点では有力な皇位継承資格者として、日野宗業に学問を師事しながら、皇位に望みをかけていたはずである。

しかし、憲仁親王生母の滋子（後の建春門院）の妨害に遭い、生母の成子が女御宣旨を得られず、外舅の藤原公光が仁安元年（一一六六）に解官されて失脚したことによって、皇位継承の可能性は消滅し、親王宣下も受けられなかった。

高倉第故地

### 挙兵と敗死

治承三年（一一七九）の平清盛によるクーデター（後白河法皇の幽閉、関白松殿基房の追放）で、以仁王も最雲から譲られた城興寺領を没収された。さらに翌治承四年（一一八〇）二月に高倉天皇の皇子言仁親王が即位して（安徳天皇）、以仁王の即位の望みも完全に絶たれてしまった。

同年四月、平氏討伐を決意した以仁王は、源頼政（武家の摂津源氏）の勧めによって、「最勝親王」を称し、安徳天皇と平氏政権の排除を唱え、平氏追討の令旨を全国の源氏に発して挙兵・武装蜂起を促した。

『吾妻鏡』や『平家物語』によると、令旨の内容は、反平氏に踏み切った自分を聖徳太子や天武天皇に対比し、即位後の恩賞を約束して決

「以仁王墓」

起を呼びかけたものであった。また、以仁王が最勝王経にちなむ「最勝親王」を称したことは、仏敵である平清盛を滅ぼすという名目であった。

以仁王も頼政と共に挙兵しようとしたが、計画が事前に平氏方に漏れ、検非違使の土岐光長・源兼綱（頼政の子）によって館を襲撃された。以仁王はすでに脱出しており、園城寺に逃れ、延暦寺の大衆にも援軍を請うた。この間、以仁王は皇籍を剝奪され、後白河院から源姓を下賜されて「源以光」と改められ、土佐国への配流が決した。

以仁王と頼政は、園城寺と対立していた延暦寺の協力を得ることができず、南都の興福寺を頼ることに決したが、頼政は宇治の平等院で討ち死にし、「源以光」は南山城の加幡河原（『平家物語』では光明山鳥居の前）で、平氏家人の藤原景高・伊藤忠綱が率いる追討軍に追い付かれて討たれた。三十歳。

挙兵には失敗したものの、以仁王の令旨は諸国の源氏に大きな影響を与え、治承・寿永の乱の発生につながった。やがて源義仲や源頼朝によって、平氏政権は打倒され、鎌倉幕府の成立を迎えることとなった。

なお、『平家物語』によると、以仁王の首は清盛の前で首実検にかけられるが、以仁王の顔を知る人は少なく、また頼朝などの策略もあって、以仁王は東国で生存しているという噂が意図的に流され、東国各地に以仁王伝説が作られた。

## 4　高倉天皇と守貞親王

### 高倉天皇の皇子たち

高倉天皇は、後白河天皇の第七皇子として応保元年（一一六一）に生まれた。永万元年（一一六五）に親王宣下を受け、仁安元年（一一六六）に立太子し、仁安三年（一一六八）に八歳で即位した。承安元年（一一七一）に元服し、翌承安二年（一一七二）に平清盛の女徳子（後の建礼門院）を中宮とした。

学問・詩歌・音楽にすぐれ、寛大で温情ある性格であったので、多くの人に慕われた。『平家物語』では、「末代の賢王」と評されている。相変わらず後白河院の院政下にあって政治的実権はなく、特に治承元年（一一七七）の「鹿ケ谷の謀議」以降は、清盛と後白河院との確執の狭間に立って心労を深めた。治承四年（一一八〇）には、治承二年（一一七八）に徳子から生まれた言仁親王に譲位し（安徳天皇）、後白河院の院政停止によって、政務を見ることになった。

しかし、治承五年（一一八一）に六波羅第（池殿）で死去した。二十一歳。

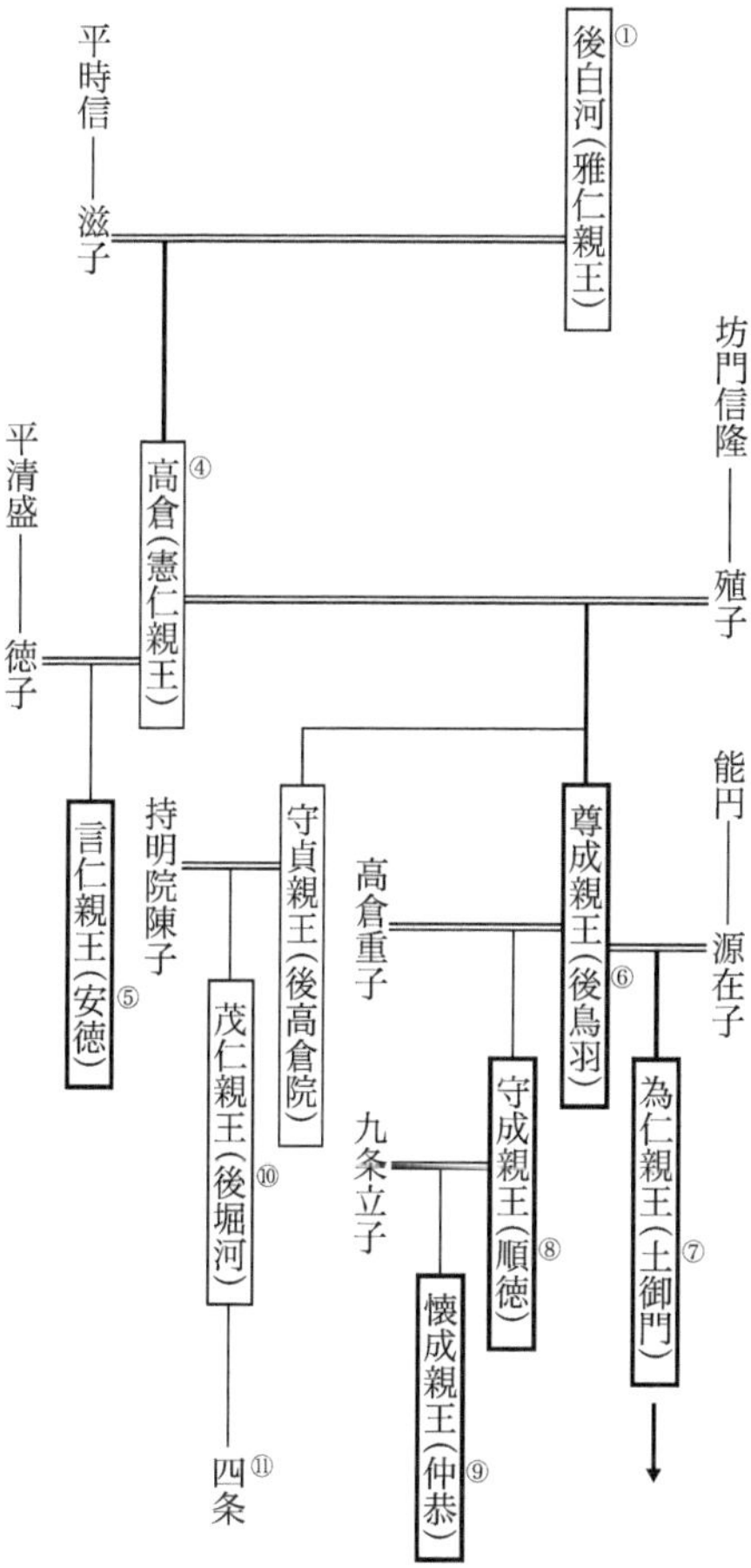


（数字は即位順、太線は嫡流、□は不慮の死を遂げた皇子）

この間、第一皇子言仁親王（安徳天皇）に続いて、坊門信隆の女である典侍藤原殖子（後の七条院）から、第二皇子守貞親王（後の後高倉院）と、第四皇子尊成親王（後の後鳥羽天皇）、平義範の女である掌侍平範子（少将内侍）から第三皇子惟明親王を儲けている（他に皇女が三人）。

即位した皇子が第一皇子言仁親王（安徳天皇）と第四皇子尊成親王（後鳥羽天皇）、即位することができずに出家した皇子が惟明親王ということになるが、特異な生涯を送ったのが、第二皇子守貞親王である。

## 守貞親王の一生

守貞親王は、治承三年（一一七九）に高倉の第二皇子として生まれた。母は坊門信隆の女の殖子。乳母は平知盛正室の治部卿局で、平家の許で育てられた。

寿永二年（一一八三）の平氏の都落ちに際しては、安徳と共に西国に伴われた。安徳の皇太子に擬されたためであるが、都ではすでに同母弟の尊成親王が神器もないまま即位していた（後鳥羽天皇）。文治元年（一一八五）の平氏滅亡後に帰京し、文治五年（一一八九）に親王宣下を受けた。建久二年（一一九一）に元服し、三品に叙された。

建久九年（一一九八）に、源通親の策謀によって、通親外孫で後鳥羽皇子の為仁親王が即位した際も（土御門天皇）、『玉葉』によると、新帝候補として守貞親王や惟明親王の名が挙がったし、『延慶本 平家物語』には、文覚が守貞親王擁立を企てて、源頼朝にはたらきかけたという記述もある。

しかし、承元四年（一二一〇）に、土御門が父後鳥羽院の策により、異母弟の守成親王に譲位すると（順徳天皇）、守貞親王は皇位に即く望みも完全に断たれた。そして建暦二年（一二一二）に出家し、法名を行助と称した。

ところが、承久三年（一二二一）に起こった承久の乱で、討幕の兵を挙げた後鳥羽は敗れ、後鳥羽・土御門・順徳三上皇は、それぞれ隠岐・土佐・佐渡に配流され、四歳で践祚したばかりの懐成親王（一八七〇年〈明治三〉に仲恭天皇の諡号が贈られた）も廃帝となった。執権北

天子摂関御影（高倉院）宮内庁三の丸尚蔵館所蔵

天子摂関御影（後高倉院）宮内庁三の丸尚蔵館所蔵

「鵜塚陵墓参考地　出土遺物埋納所」

条義時は、この乱と無関係で、しかも後鳥羽と血縁的に近い人物を天皇位に即けることとしたため、行助入道親王（守貞親王）の第三王子茂仁王が即位することとなった（後堀河天皇）。なお、守貞親王は持明院基家の女の陳子（後の北白河院）との間に、三人の王子を儲けていたが、茂仁王以外はすでに出家しており、第一王子尊性は天台座主、第二王子道深は仁和寺門跡となった。

当時の朝廷では院政を行なわなければならなかったが、上皇はすべて配流されており、治天の地位に即く者は、後堀河の父である行助しかいなかった。そこで行助に太上天皇の尊号を奉呈し、後高倉院として院政が実現した。天皇位に即かず、しかも出家している親王が太上天皇となったり、院政を行なったりした例は、もちろん、はじめてのことであった。

しかし、後高倉院院政はすぐに幕を閉じた。

二年後の貞応二年（一二二三）、後高倉は持明院殿で死去した。四十五歳。持明院宮・持明院法皇・広瀬院と称された。

『百錬抄』には、北白河に葬られたと見えるが、葬られた場所は具体的には不明で、陵は現在も治定されていないままである。わずかに京都市左京区岡崎最勝寺町の「鵺塚」が、後高倉天皇の陵墓という伝説に基づいて陵墓参考地に指定されていたが（源頼政が殺した鵺の死体が埋められたという説もあった）、一九五五年（昭和三十）に岡崎公園のグラウンド拡張工事の際に調査を行なったところ、古墳時代のものであることが明らかになった。そこで陵墓参考地の指定を解除され、その出土遺物が利子内親王（後高倉皇女、後に式乾門院）の秘陵墓参考地と共に、宮内庁管轄地である仲恭天皇九条陵・皇后聖子陵（現京都市伏見区深草本寺山町）の敷地内に移葬され、「鵺塚陵墓参考地　出土遺物埋納所」として宮内庁によって管理されている。

# おわりに

以上、この本で取り上げたのは、即位できそうであったにもかかわらず即位できなかった皇子たちである。しかし、ほとんどの皇子は、はなから即位することなど思いもよらなかった皇子たちであった。

彼らの中には、悲惨な最期を遂げた人たちも多かったことを思えば、即位できそうもない皇子を生産し続ける天皇というシステム自体に問題がありそうである。中国のように天帝からの委託（「天命」）を支配の根拠とした皇帝が地上の支配を行なうという君主制ではなく、天照大神の孫である瓊瓊杵尊が高千穂峰に降臨し、その曾孫である神日本磐余彦尊が大和に入って即位して神武天皇となり、その子孫が皇位を嗣いでいくというかたちの天皇の制度を作ったその瞬間から、必然的に天皇は皇子を遺さなくてはならないという運命を背負ってしまったのである。

中には気の毒な皇子の誕生を自制した形跡のある天皇も存在するのだが、ほとんどの天皇は、気の向くままに、何人もの后妃（や女官）と接触して、悲劇の皇子を生産し続けることになった。それは血縁に基づく世襲によって皇位を継承する天皇という制度に、必然的に付随する矛盾だったのかもしれない。

ここで各天皇（大王）の皇子（王子）の中で、即位できた者の人数と比率を集計したので、表示してみることにしよう。女性天皇は除くこととする。古い時代は、あくまで記紀の伝えるものである。

先ほども述べたが、ほとんどの皇子（王子）は、即位することができなかったことが、容易に読み取れよう。大王継体以降、後鳥羽天皇までに生まれた三百四人の皇子（史料に現われた者のみ）のうち、即位することができたのは、わずかに四十四人、率にすると十四・四七パーセントに過ぎない。逆に言えば、七人に六人は即位できなかった皇子ということになる。

また、天皇（大王）の立場から見ると、継体から後鳥羽までの四十八人の男子天皇（大王）の中で、皇子（王子）を即位させることができたのは二十六人とおよそ半分強、二人以上の皇子（王子）を即位させることができたのは十四人に過ぎない。皇統（王統）を伝えることがいかに困難であったかは、言うまでもない。

ただし、太古の昔から中世の到来までを見通してみて感じるのは、血塗られた飛鳥・奈良時代とは異なり、嵯峨天皇以降は、即位できなかったからといってその皇子が殺されることがなくなったという点である。まさにそれは「平安」時代に相応しい現象であった。これもひとつの日本的な政治の美意識なのであろう。

その意味では、「平城太上天皇の変」（「薬子の変」）の後に平安京が定まったという、都城に関する認識は、同時に平安な時代が来たという実感だったのであろう。同様に、平清盛の福原「遷都」によって平安京が動揺したというのも、平安な時代がすでに去ってしまったという、

| 天皇 | 皇子 | 即位 | 即位率(%) |
|---|---|---|---|
| 神武 | 五 | 一 | 二〇 |
| 綏靖 | 一 | 一 | 一〇〇 |
| 安寧 | 二 | 一 | 五〇 |
| 懿徳 | 二 | 一 | 五〇 |
| 孝昭 | 二 | 一 | 五〇 |
| 孝安 | 二 | 一 | 五〇 |
| 孝霊 | 五 | 一 | 二〇 |
| 孝元 | 五 | 一 | 二〇 |
| 開化 | 四 | 一 | 二五 |
| 崇神 | 七 | 一 | 一四 |
| 垂仁 | 一一 | 一 | 九 |
| 景行 | 二〇 | 一 | 二 |
| 成務 | 一 | 〇 | 〇 |
| 仲哀 | 四 | 一 | 二五 |
| 応神 | 一一 | 一 | 九 |
| 仁徳 | 五 | 三 | 六〇 |
| 履中 | 二 | 〇 | 〇 |
| 反正 | 〇 | 〇 | 〇 |
| 允恭 | 五 | 二 | 四〇 |
| 安康 | 〇 | 〇 | 〇 |
| 雄略 | 三 | 一 | 三三 |
| 清寧 | 〇 | 〇 | 〇 |
| 顕宗 | 〇 | 〇 | 〇 |
| 仁賢 | 一 | 一 | 一〇〇 |
| 武烈 | 〇 | 〇 | 〇 |
| 継体 | 九 | 三 | 三三 |
| 安閑 | 〇 | 〇 | 〇 |
| 宣化 | 三 | 〇 | 〇 |
| 欽明 | 一六 | 三 | 一九 |
| 敏達 | 六 | 〇 | 〇 |
| 用明 | 六 | 〇 | 〇 |
| 崇峻 | 一 | 〇 | 〇 |
| 舒明 | 五 | 二 | 四〇 |
| 孝徳 | 一 | 〇 | 〇 |
| 天智 | 四 | 〇 | 〇 |
| 天武 | 一〇 | 〇 | 〇 |
| 文武 | 二 | 一 | 五〇 |
| 聖武 | 二 | 〇 | 〇 |
| 淳仁 | 〇 | 〇 | 〇 |
| 光仁 | 五 | 一 | 二〇 |
| 桓武 | 一六 | 三 | 一九 |
| 平城 | 三 | 〇 | 〇 |
| 嵯峨 | 二三 | 一 | 四 |
| 淳和 | 五 | 〇 | 〇 |
| 仁明 | 一四 | 二 | 一四 |
| 文徳 | 一三 | 一 | 八 |
| 清和 | 一四 | 一 | 七 |
| 陽成 | 七 | 〇 | 〇 |
| 光孝 | 一八 | 一 | 六 |
| 宇多 | 一二 | 一 | 八 |
| 醍醐 | 一八 | 二 | 一一 |
| 朱雀 | 〇 | 〇 | 〇 |
| 村上 | 一〇 | 二 | 二〇 |
| 冷泉 | 四 | 二 | 五〇 |
| 円融 | 一 | 一 | 一〇〇 |
| 花山 | 四 | 〇 | 〇 |
| 一条 | 三 | 二 | 六七 |
| 三条 | 四 | 〇 | 〇 |
| 後一条 | 〇 | 〇 | 〇 |
| 後朱雀 | 二 | 二 | 一〇〇 |
| 後冷泉 | 〇 | 〇 | 〇 |
| 後三条 | 四 | 一 | 二五 |
| 白河 | 八 | 一 | 一三 |
| 堀河 | 三 | 一 | 三三 |
| 鳥羽 | 一一 | 三 | 二七 |
| 崇徳 | 二 | 〇 | 〇 |
| 近衛 | 〇 | 〇 | 〇 |
| 後白河 | 一二 | 二 | 一七 |
| 二条 | 三 | 一 | 三三 |
| 六条 | 〇 | 〇 | 〇 |
| 高倉 | 四 | 二 | 五〇 |
| 安徳 | 〇 | 〇 | 〇 |
| 後鳥羽 | 一六 | 二 | 一三 |
| 計（継体以降） | 三〇四 | 四四 | 一四・四七 |

「能除太子（蜂子皇子）墓」

時代転換の実感であったに違いない。

やがて日本は、天皇や上皇でさえも配流され、皇位継承も武家政権の意思によって決定される時代となったのである。

さて、最後に一つ、面白い例を挙げてみよう。出羽の羽黒山には、開山と伝えられる崇峻皇子能除太子（蜂子皇子）の墓と称するものが存在する。由来によると、能除太子は、推古元年（五九三）、蘇我馬子の追及を逃れた丹後の由良（現京都府宮津市由良）から船に乗り、出羽の由良の浜（現山形県鶴岡市の庄内浜）の八乙女岩窟にたどり着き、羽黒山を開山し、舒明十三年（六四一）に死去したという。

近年になって能除太子の尊像が公開されたが、とても皇族を描いたものとは思い難い姿になっている。これは、「人々の悩みを聞き続けた結果、醜い姿になってしまった」というものらしい。

能除太子の墓は東北地方で唯一の皇族の墓として、現在も宮内庁によって管理されているというのも、ご苦労なことである（それも税金なんだけど）。

他の霊山よりも古い時期の開山であることを主張しようとした、後世の創作であろうが、特に修験道の開祖とされる役行者よりも古く遡る時代の開山であるとの、自己主張であったと考えられている（岩鼻通明『出羽三山』）。

このように、各地の由緒書には、皇子に仮託したものが多い。秋田県のマタギの由緒が天智天皇の末裔である万次万三郎（磐次磐三郎）とか、盲僧の由緒が光孝天皇皇子の清輔親王（別名小宮太子）とか、まさに枚挙に遑が無い。

皇位継承に敗れた皇子は、伝承の世界で流浪・遍歴を重ね、各地の民衆と結び付いてきたのである。

二〇一九年十月　月山八合目にて

著者識す

## 略年表

| 大王／天皇 | 年次 | 西暦 | 事項 |
|---|---|---|---|
| 雄略 | | 四七八 | 倭王武、宋に遣使、冊封される |
| 継体 | 元 | 五〇七？ | 継体が越前から迎えられ、即位する |
| 推古 | 八 | 六〇〇 | 第一次遣隋使を派遣する |
| 皇極 | 四 | 六四五 | 乙巳の変、皇極が譲位し、孝徳が即位する |
| 孝徳 | 大化五 | 六四九 | 天下立評 |
| 天智 | 二 | 六六三 | 百済の役・白村江の戦 |
| 天武 | 元 | 六七二 | 壬申の乱が起こる |
| 持統 | 三 | 六八九 | 飛鳥浄御原令を施行する |
| 文武 | 大宝元 | 七〇一 | 大宝律令を制定する |
| 元明 | 和銅三 | 七一〇 | 平城京に遷都する |
| 聖武 | 天平元 | 七二九 | 長屋王の変が起こる |
| 孝謙 | 天平勝宝四 | 七五二 | 東大寺大仏開眼供養が行なわれる |
| 称徳 | 神護景雲三 | 七六九 | 宇佐八幡宮神託（道鏡）事件が起こる |
| 桓武 | 延暦一三 | 七九四 | 平安京に遷都する |
| 嵯峨 | 弘仁元 | 八一〇 | 薬子（平城上皇）の変が起こる |
| 仁明 | 承和九 | 八四二 | 承和の変が起こる |
| 文徳 | 天安元 | 八五七 | 藤原良房が太政大臣に任じられる |
| 清和 | 貞観八 | 八六六 | 応天門の変が起こる |
| 宇多 | 仁和三 | 八八七 | 藤原基経が関白に補される |
| 醍醐 | 延喜五 | 九〇五 | 『古今和歌集』が撰進される |
| 朱雀 | 天慶二 | 九三九 | 天慶の乱が東西で始まる |
| 冷泉 | 安和二 | 九六九 | 安和の変が起こる |
| 一条 | 長徳元 | 九九五 | 藤原道長が内覧に補される |
| 後一条 | 寛仁三 | 一〇一九 | 刀伊の入寇が起こる |
| 後冷泉 | 永承六 | 一〇五一 | 前九年の役が始まる |
| 後三条 | 延久元 | 一〇六九 | 延久の荘園整理令が出される |
| 白河 | 永保三 | 一〇八三 | 後三年の役が始まる |
| 後白河 | 保元元 | 一一五六 | 保元の乱が起こる |
| 安徳 | 治承四 | 一一八〇 | 治承・寿永の内乱が始まる |
| 後鳥羽 | 寿永二 | 一一八三 | 平氏が敗走し、後鳥羽が即位する |
| | 文治元 | 一一八五 | 平氏が滅亡する |

# 参考文献（初出箇所にのみ掲げた）

国史大辞典編集委員会編『国史大辞典』吉川弘文館　一九七九～九七年
角田文衞監修・古代学協会・古代学研究所編『平安時代史事典』角川書店　一九九四年

## 序　章　伝承時代の王子――日本武尊など

倉本一宏『内戦の日本古代史　邪馬台国から武士の誕生まで』講談社　二〇一八年

## 第一章　倭王権の成立と王子

荒木敏夫『日本古代の皇太子』吉川弘文館　一九八五年
荒木敏夫「女帝と王位継承」『日本古代王権の研究』吉川弘文館　二〇〇六年（初出一九九〇年）
岩下　均「菟道稚郎子の一考察」『目白大学人文学研究』一三　二〇一七年
大橋信弥「継体・欽明朝の「内乱」」吉村武彦編『古代を考える　継体・欽明朝と仏教伝来』吉川弘文館　一九九九年
大平　聡「世襲王権の成立」鈴木靖民編『日本の時代史2　倭国と東アジア』吉川弘文館　二〇〇二年
小野一之「聖徳太子墓の展開と叡福寺の成立」『日本史研究』三四二　一九九一年
岸　俊男「画期としての雄略朝　稲荷山鉄剣銘付考」『日本古代文物の研究』塙書房　一九八八年（初出一九八四年）
岸本直文「河内大塚山古墳の基礎的検討」『ヒストリア』二三八　二〇一一年
倉本一宏『持統女帝と皇位継承』吉川弘文館　二〇〇九年

倉本一宏『平安朝 皇位継承の闇』角川学芸出版 二〇一四年
河内春人『倭の五王　王位継承と五世紀の東アジア』中央公論新社 二〇一八年
寺西貞弘「大化前代の皇位継承について 雄略天皇の即位をめぐって」『ヒストリア』一〇一 一九八三年
前園実知雄『斑鳩に眠る二人の貴公子 藤ノ木古墳』新泉社 二〇〇六年
松倉文比古「仁徳紀の構成（二）即位前紀と皇后・氷室・易名・鷹甘部」『龍谷紀要』二七―二 二〇〇六年
吉井 巖「応神天皇の周辺」『天皇の系譜と神話 一』塙書房 一九六七年
若井敏明『仁徳天皇』ミネルヴァ書房 二〇一五年

## 第二章　律令制成立期の王子（皇子）

倉本一宏『奈良朝の政変劇 皇親たちの悲劇』吉川弘文館 一九九八年
倉本一宏『壬申の乱』吉川弘文館 二〇〇七年
直木孝次郎『持統天皇』吉川弘文館 一九六〇年
直木孝次郎「忍壁皇子」『飛鳥奈良時代の研究』塙書房 一九七五年（初出一九七三年）

## 第三章　律令国家と皇子

川崎庸之「大伴家持」『川崎庸之歴史著作選集1 記紀万葉の世界』東京大学出版会 一九八二年（初出一九四二年）
北山茂夫「天平末年における橘奈良麻呂の変」『日本古代政治史の研究』岩波書店 一九五九年（初出一九五二年）
倉本一宏『蘇我氏 古代豪族の興亡』中央公論新社 二〇一五年

角田文衞「首皇子の立太子」『角田文衞著作集　第三巻　律令国家の展開』法藏館　一九八五年（初出一九六五年）
角田文衞「宝亀三年の廃后廃太子事件」『角田文衞著作集　第三巻　律令国家の展開』法藏館　一九八五年（初出一九六五年）
林　陸朗「奈良朝後期宮廷の暗雲　県犬養家の姉妹を中心として」『上代政治社会の研究』吉川弘文館　一九六九年（初出一九六一年）
横田健一「安積親王の死とその前後」『白鳳天平の世界』創元社　一九七三年（初出一九五九年）

## 第四章　平安朝の確立と皇子

龔　婷「桓武天皇の皇統意識」『総研大文化科学研究』一五　二〇一九年
倉本一宏『藤原氏　権力中枢の一族』中央公論新社　二〇一七年
倉本一宏『公家源氏　王権を支えた名族』中央公論新社　二〇一九年
河内祥輔『古代政治史における天皇制の論理』吉川弘文館　一九八六年
坂上康俊『日本の歴史05　律令国家の転換と「日本」』講談社　二〇〇一年
西村健太郎「源氏長者と氏爵　平安期における賜姓源氏の展開をめぐって」『ヒストリア』二六八　二〇一八年
西本昌弘『早良親王』吉川弘文館　二〇一九年
西本昌弘「早良親王と崇道天皇御霊」『本郷』一四四　二〇一九年
春名宏昭『平城天皇』吉川弘文館　二〇〇九年
兵藤裕己『琵琶法師〈異界〉を語る人びと』岩波書店　二〇〇九年
目崎徳衛「平城朝の政治史的考察」『平安文化史論』桜楓社　一九六八年（初出一九六二年）

目崎徳衛「在原業平の歌人的形成　九世紀中葉の政治情勢における」『平安文化史論』桜楓社　一九六八年（初出一九六六年）

**第五章　前期摂関政治と皇子**

倉本一宏『一条天皇』吉川弘文館　二〇〇三年
今　正秀『藤原良房　天皇制を安定に導いた摂関政治』山川出版社　二〇一二年
角田文衞「陽成天皇の退位」『王朝の映像』東京堂出版　一九七〇年（初出一九六八年）

**第六章　摂関政治全盛期の皇子**

倉本一宏『三条天皇』ミネルヴァ書房　二〇一〇年

**第七章　院政と皇子**

美川　圭『院政　もうひとつの天皇制』中央公論新社　二〇〇六年
元木泰雄『保元・平治の乱　平清盛勝利への道』角川学芸出版　二〇一二年

**おわりに**

岩鼻通明『出羽三山　山岳信仰の歴史を歩く』岩波書店　二〇一七年

**倉本一宏**（くらもと・かずひろ）
1958年、三重県津市生まれ。東京大学文学部国史学専修課程卒業、同大学大学院人文科学研究科国史学専門課程博士課程単位修得退学。博士（文学、東京大学）。国際日本文化研究センター教授。専門は日本古代政治史、古記録学。主な著書に、『平安朝　皇位継承の闇』（角川選書）、『一条天皇』『壬申の乱』（吉川弘文館）、『藤原道長の権力と欲望』（文春新書）、『蘇我氏』『藤原氏』『公家源氏』（中公新書）、『藤原道長「御堂関白記」全現代語訳』『藤原行成「権記」全現代語訳』（講談社学術文庫）、『藤原道長の日常生活』『戦争の日本古代史』（講談社現代新書）がある。

角川選書631

皇子たちの悲劇　皇位継承の日本古代史

令和2年1月27日　初版発行
令和6年4月30日　3版発行

著　者／倉本一宏

発行者／山下直久

発　行／株式会社KADOKAWA
〒102-8177　東京都千代田区富士見2-13-3
電話 0570-002-301（ナビダイヤル）

印刷所／株式会社KADOKAWA

製本所／株式会社KADOKAWA

装　丁／片岡忠彦　　帯デザイン／Zapp!

本書の無断複製（コピー、スキャン、デジタル化等）並びに
無断複製物の譲渡および配信は、著作権法上での例外を除き禁じられています。
また、本書を代行業者などの第三者に依頼して複製する行為は、
たとえ個人や家庭内での利用であっても一切認められておりません。

●お問い合わせ
https://www.kadokawa.co.jp/（「お問い合わせ」へお進みください）
※内容によっては、お答えできない場合があります。
※サポートは日本国内のみとさせていただきます。
※Japanese text only

定価はカバーに表示してあります。

©Kazuhiro Kuramoto 2020 Printed in Japan
ISBN978-4-04-703682-6 C0321

## この書物を愛する人たちに

詩人科学者寺田寅彦は、銀座通りに林立する高層建築をたとえて「銀座アルプス」と呼んだ。
戦後日本の経済力は、どの都市にも「銀座アルプス」を造成した。
アルプスのなかに書店を求めて、立ち寄ると、高山植物が美しく花ひらくように、
書物が飾られている。

印刷技術の発達もあって、書物は美しく化粧され、通りすがりの人々の眼をひきつけている。
しかし、流行を追っての刊行物は、どれも類型的で、個性がない。
歴史という時間の厚みのなかで、流動する時代のすがたや、不易な生命をみつめてきた先輩たちの発言がある。
また静かに明日を語ろうとする現代人の科白がある。これらも、
銀座アルプスのお花畑のなかでは、雑草のようにまぎれ、人知れず開花するしかないのだろうか。
マス・セールの呼び声で、多量に売り出される書物群のなかにあって、
選ばれた時代の英知の書は、ささやかな「座」を占めることは不可能なのだろうか。
マス・セールの時勢に逆行する少数な刊行物であっても、この書物は耳を傾ける人々には、
飽くことなく語りつづけてくれるだろう。私はそういう書物をつぎつぎと発刊したい。
真に書物を愛する読者や、書店の人々の手で、こうした書物はどのように成育し、開花することだろうか。
私のひそかな祈りである。「一粒の麦もし死なずば」という言葉のように、
こうした書物を、銀座アルプスのお花畑のなかで、一雑草であらしめたくない。

一九六八年九月一日

角川源義